新时代高校加强
铸牢中华民族共同体意识教育研究

XINSHIDAI GAOXIAO JIAQIANG
ZHULAO ZHONGHUA MINZU GONGTONGTI YISHI JIAOYU YANJIU

胡建松　李　浩　朱伟娟　著

湘潭大学出版社
XIANGTAN UNIVERSITY PRESS

图书在版编目（CIP）数据

新时代高校加强铸牢中华民族共同体意识教育研究 / 胡建松，李浩，朱伟娟著. -- 湘潭 : 湘潭大学出版社，2024. 9. -- ISBN 978-7-5687-1498-3

Ⅰ. G641

中国国家版本馆 CIP 数据核字第 2024LS8086 号

新时代高校加强铸牢中华民族共同体意识教育研究

XINSHIDAI GAOXIAO JIAQIANG

ZHULAO ZHONGHUA MINZU GONGTONGTI YISHI JIAOYU YANJIU

胡建松 李浩 朱伟娟 著

责任编辑：陈秀红 张 蔚
封面设计：李 平
出版发行：湘潭大学出版社
社 址：湖南省湘潭大学工程训练大楼
电 话：0731-58298960 0731-58298966（传真）
邮 编：411105
网 址：http://press.xtu.edu.cn/
印 刷：长沙鸿和印务有限公司
经 销：湖南省新华书店
开 本：880 mm×1230 mm 1/32
印 张：6.25
字 数：200 千字
版 次：2024 年 9 月第 1 版
印 次：2024 年 9 月第 1 次印刷
书 号：ISBN 978-7-5687-1498-3
定 价：48.00 元

目　录

绪　论

1.1　研究背景及意义

1.1.1　研究背景

铸牢中华民族共同体意识，是习近平总书记提出的重大原创性论断，是“两个结合”特别是“第二个结合”的具体体现，丰富和发展了马克思主义民族理论，巩固和拓展了中国特色解决民族问题的正确道路，指明了党的民族工作的前进方向，是推动新时代民族工作高质量发展的主线和“纲”。该论断一经提出，就引起了学界的高度关注和重视，专家学者从不同视角开展了相关研究，取得了比较丰硕的研究成果。中华民族共同体意识是国家统一之基、民族团结之本、精神力量之魂。习近平总书记在党的二十大报告中指出：“以铸牢中华民族共同体意识为主线，坚定不移走中国特色解决民族问题的正确道路，坚持和完善民族区域自治制度，加强和改进党的民族工作，全面推进民族团结进步事业。”① 当前，世界正经历百年未有之大变局，我国意识形态领域面临的内外部环境发生深刻变化，高校意识形态工作面临的形势更加严峻。长期以来，以美国为首的西方反华势力通过各种手段对我国高校进行渗透，大搞历史虚无主义，传播错误思潮，妄图借此对中华民族拔根去魂，否定中国共产党的领导和中国特色社会主义制度，破坏我国安全、稳定、团结的大好局面。

党的二十大提出了新时代新征程中国共产党的使命任务，明确了以中国式现代化全面推进中华民族伟大复兴的目标。高校肩负着学习研究宣传马克思主义、培养中国特色社会主义事业建设者和接班人的重大使命。铸牢中华民族共同体意识教育赋予了高校应教育青年大学生坚定祖国统一的共同信念、增进维护民族团结的共同认识、厚植爱国爱民的共同情感、激励坚守强国有我的共同目标等新的更高要求。高校是开展铸牢中华民族共同体意识教育的主阵地。铸牢中华民族共同体意识教育是高校思想政治工作中的一项极其重要的内容。“加强和改进高校思想政治工作事关办什么样的大学、怎样办大学的根本问题，事关党对高校的领导，事关中国特色社会主义事业后继有

① 习近平．高举中国特色社会主义伟大旗帜 为全面建设社会主义现代化国家而团结奋斗——在中国共产党第二十次全国代表大会上的报告（2022 年 10 月 16 日）[N]．人民日报，2022-10-26（01）．

人，是一项重大的政治任务和战略工程。”高校开展铸牢中华民族共同体意识教育，对促进各族学生交往交流交融，使高校成为抵制分裂渗透、维护国家安全的坚强堡垒，成为传播党的民族政策、巩固意识形态阵地的重要力量有着重大的现实意义。但高校铸牢中华民族共同体意识教育在广度和深度、创新性和针对性、方式方法的多样性等方面仍存有不足。因此，开展高校加强铸牢中华民族共同体意识教育研究，既可以促进高校进一步做好民族工作，也有助于高校不断加强和改进思想政治工作。

1.1.2 研究意义

(1) 理论意义

一是完善研究内容。当前，国内学术界关于铸牢中华民族共同体意识教育的研究成果显著，但有关高校铸牢中华民族共同体意识教育的研究成果还相对不足。本研究从高校育人功能与育人规律的角度出发，准确抓住高校铸牢中华民族共同体意识教育的时代价值，结合当前高校铸牢中华民族共同体意识教育的成效和不足展开探讨，可完善该领域的研究内容。

二是丰富研究成果。高校铸牢中华民族共同体意识教育是大学生思想政治教育的重要组成部分。本研究将铸牢中华民族共同体意识教育嵌入大学生思想政治教育，有利于促进高校大学生思想政治教育工作创新，也有利于丰富高校思想政治教育的研究成果。

三是创新学术观点。通过梳理文献，部分学者在分析高校铸牢中华民族共同体意识的对策建议这一环节，提出的方法相似性较多、创新性较少。本研究从高校铸牢中华民族共同体意识教育的实践问题出发，结合学校场域的特殊功能，从多个维度分析高校铸牢中华民族共同体意识教育的问题和原因，提出更有针对性、更加符合高校特点的对策建议，可丰富当前学界关于高校铸牢中华民族共同体意识教育的理论观点。

（2）实践意义

一是有助于推进高校民族团结进步事业。习近平总书记在党的二十大报告中指出："以铸牢中华民族共同体意识为主线……全面推进民族团结进步事业。"① 铸牢中华民族共同体意识，全面推进民族团结进步事业是高校的政治责任和光荣使命。开展新时代高校加强铸牢中华民族共同体意识教育研究，分析当前高校铸牢中华民族共同体意识教育面临的挑战和存在的问题，有针对性地提出高校加强铸牢中华民族共同体意识教育的对策建议，有利于高校推进中华民族共同体建设，推进民族团结进步事业。

二是有助于提升高校思想政治工作质量。2019 年 3 月 18

① 习近平．高举中国特色社会主义伟大旗帜 为全面建设社会主义现代化国家而团结奋斗——在中国共产党第二十次全国代表大会上的报告（2022 年 10 月 16 日）[N]．人民日报，2022-10-26（01）．

日习近平总书记在学校思想政治理论课教师座谈会上强调："努力培养担当民族复兴大任的时代新人。"① 高校思想政治工作事关高校培养什么人、怎样培养人以及为谁培养人这个根本问题，事关党对高校的领导，事关中国特色社会主义事业后继有人。思想政治工作从根本上说是做人的工作，是争取人心的工作。为实现民族复兴培育人才是新时代高校思想政治教育义不容辞的责任和义务。铸牢中华民族共同体意识教育是高校思想政治教育的重要内容和着力点。开展新时代高校加强铸牢中华民族共同体意识教育研究，形成具有重要价值的研究成果，可直接运用于高校思想政治教育工作之中，能有效提升高校思想政治工作质量，巩固马克思主义在高校意识形态领域的指导地位。

三是有利于促进大学生全面健康发展。从"牢固树立中华民族共同体意识"到"积极培养中华民族共同体意识""大力培育中华民族共同体意识"，再到"铸牢中华民族共同体意识"，这一历史脉络的发展变化，既是我们党关于加强和改进民族工作重要思想逐渐丰富的过程，也体现了党中央对新时代大学生全面健康发展环境的精准认识和积极调整，更是深刻回应了习近平总书记关于"培养什么人、怎样培养人、为谁培养人"这一根本问题，对新时代培养大学生成为社会主义建设者和接班人具有重大意义。高校通过开展铸牢中华民族共同体意识教育

① 用新时代中国特色社会主义思想铸魂育人 贯彻党的教育方针落实立德树人根本任务［N］. 人民日报，2019-03-19（02）.

的一系列举措，使各族大学生深刻认识到自身发展存在的问题，认识到现在的自己与一名合格乃至优秀的担当民族复兴大任的时代新人之间存在的不足和差距，因此，可以抓住一切机会不断发展和完善自己。高校开展铸牢中华民族共同体意识教育具有团结人力、凝聚人心、汇聚力量的功能价值，对促进新时代高校大学生德智体美劳全面发展具有重要的现实意义。

1.2 国内外研究动态

1.2.1 国内研究现状

2014 年 5 月，习近平总书记在第二次中央新疆工作座谈会上指出“在各民族中牢固树立中华民族共同体意识”①，同年 9 月习近平总书记在中央民族工作会议暨国务院第六次全国民族团结进步表彰大会上提出“积极培养中华民族共同体意识”②。2017 年 10 月，“铸牢中华民族共同体意识”被正式写入党的十九大报告和党章之中。此后，学界关于铸牢中华民族共同体意识的研究日渐增多，成果也颇为丰富。截至 2023 年 12 月，以“铸牢中华民族共同体意识”为篇名，在中国知网数据库进行精确检索，得到 3881 篇文章；以“铸牢中华民族

① 紧紧依靠各族干部群众共同团结奋斗 建设团结和谐繁荣富裕文明进步安居乐业的社会主义新疆 [N]. 人民日报，2014-05-01 (01).

② 中央民族工作会议暨国务院第六次全国民族团结进步表彰大会在北京举行 [N]. 光明日报，2014-09-30 (01).

共同体意识教育”为篇名，在中国知网数据库进行精确检索，得到 167 篇文章；而以“高校铸牢中华民族共同体意识教育”为篇名进行精确检索，得到 43 篇文章。梳理相关文献，国内众多学者主要从以下几个角度进行研究。

（1）关于中华民族共同体的相关研究

第一，关于中华民族共同体概念的研究。孔亭、毛大龙认为“中华民族”与“共同体”不是语意上的重新复述，“就‘中华民族共同体’概念来说，‘共同体’是中心语或中心概念，‘中华民族’从范围、内容和属性方面限制中心概念‘共同体’。”① 冯育林认为“中华民族”在经历了社会的发展、政治的变革、时间的锤炼后才以共同体的形式展示出来，“‘中华民族共同体’，蕴含了‘中华民族’的政治建构、历史文化、社会生活、经济利益、命运胶结等多重属性。”②“中华民族共同体”不仅使“中华民族”的内容更加丰富，也阐释了其发展的方向。李娟认为：“中华民族共同体是文化、政治和经济共同体，本质上以全体成员共创共享独特中华文化为其规定性，但在表现形式上强调政治属性。”③ 总之，从不同的角

① 孔亭，毛大龙．论中华民族共同体的基本内涵［J］．社会主义研究，2019（06）：51-57.

② 冯育林．从“中华民族”到“中华民族共同体”的概念考察及其建设析论［J］．西北民族大学学报（哲学社会科学版），2018（03）：8-15.

③ 李娟．中华民族共同体意识的历史逻辑［J］．西北师大学报（社会科学版），2022，59（04）：67-75.

度对中华民族共同体的概念进行界定，都有助于人们以更加包容的心态和理念理解中华民族。

第二，关于中华民族共同体内涵的研究。严庆从本体视角和意识视角分别对中华民族共同体的内涵进行了阐释，他指出："从本体视角定义中华民族共同体旨在强调中华民族共同体本身是客观存在的，是不以人的主观意志而转移的""意识视角的中华民族共同体，是人们对中华民族共同体本体的认知和反映"[①]。费孝通提出了"中华民族多元一体格局"[②]这一论述，为后来研究民族问题提供了新视角。青觉、徐欣顺认为中华民族共同体意识是具有共同身份的国内各族人民所共有的心理意识。[③]万明钢认为，实现国家认同需要从民族认同入手，民族认同是落实好社会认同的前提和基础。[④]徐黎丽、杨丽云指出，随着不断交往，人们的关系会变得密切起来，在这种情况下人们逐渐形成共同的观点，潜移默化养成共同思维意识。[⑤]刘永刚指出，中华现代国家被赋予并彰显了中华民族共

① 严庆．本体与意识视角的中华民族共同体建设［J］．西南民族大学学报（人文社科版），2017，38（03）：46-50.

② 费孝通．中华民族的多元一体格局［J］．北京大学学报（哲学社会科学版），1989（04）：3-21.

③ 青觉，徐欣顺．中华民族共同体意识：概念内涵、要素分析与实践逻辑［J］．民族研究，2018（06）：1-14+123.

④ 万明钢．实现国家认同，先从民族认同开始［J］．中国民族教育，2017（06）：15.

⑤ 徐黎丽，杨丽云．论中华民族认同的根基［J］．西北师大学报（社会科学版），2020，57（01）：14-21.

同体的特征，中华民族共同体具有国家意涵。① 周超、刘虹认为，中华民族共同体是政治共同体、文化共同体、价值共同体、利益共同体和命运共同体，涉及责任、利益、文化等建构逻辑。②

第三，关于中华民族共同体建设的研究。中华民族共同体建设有利于促进各民族、各地方在交往交流交融中不断增加共同性和凝聚力，也使各民族之间的关系越来越紧密。冯育林提出："实质上，'中华民族共同体'本就是'中华民族'建设的一个方向，'中华民族共同体'建设意即以一种共同体的形式来聚合'中华民族'多元内生的族类群体及一些异质性较强的地域群体，乃至由外而内的移民群体。"③ 严庆从增进共同性的角度出发，指出："不断推进中华民族共同体建设要求在铸牢中华民族共同体意识教育中增进共同性，在具体的民族工作实践中增进共同性，在各民族迈向现代化的进程中增进共同性。"④ 王延中、宁亚芳指出："推进中华民族共同体建设还要正确把握中华民族共同体意识和各民族意识的关系、中华文

① 刘永刚．中华民族共同体的国家意涵［J］．统一战线学研究，2021，5（04）：1-14.

② 周超，刘虹．共生理论视阈下中华民族共同体建构的五维向度［J］．民族学刊，2021，12（01）：19-25+85.

③ 冯育林．从"中华民族"到"中华民族共同体"的概念考察及其建设析论［J］．西北民族大学学报（哲学社会科学版），2018（03）：8-15.

④ 严庆．中华民族共同体建设的命脉与民族工作的方向：增进共同性［J］．西北民族研究，2021（04）：12-15.

化和各民族文化的关系。”① 冯育林认为中华民族共同体建设应该与新时代国家面临的风险与考验相结合，“可围绕以党建为引领、以健全法律形式为合法性支持、以铸牢共同体意识为精神起点、以共同体理论构建为指引，进而形成一个四维架构。”②

第四，关于中华民族共同体教育的研究。2019 年，中共中央办公厅、国务院办公厅印发的《关于全面深入持久开展民族团结进步创建工作铸牢中华民族共同体意识的意见》指出：“加强中华民族共同体教育，引导各族群众不断增强对伟大祖国的认同、对中华民族的认同、对中华文化的认同、对中国共产党的认同、对中国特色社会主义的认同。”③ 这是“中华民族共同体教育”一词最早出现在党和国家的文件表述之中。自此之后，关于中华民族共同体教育的研究日渐增多、逐渐深入，引发了学界的广泛关注。陈立鹏、张珏首次对中华民族共同体教育的概念进行了阐释，认为：“中华民族共同体教育的概念，简而言之，是指通过一定的途径和方法对受教育者传播中华民族共同体思想和知识的过程，是使受教育者增强中

---

① 王延中，宁亚芳．正确把握中华民族共同体建设的重大关系［J］．中央民族大学学报（哲学社会科学版），2022，49（05）：99-109.

② 冯育林．新时代中华民族共同体建设的几个着力点［J］．云南行政学院学报，2019，21（02）：24-28.

③ 中办国办印发《关于全面深入持久开展民族团结进步创建工作铸牢中华民族共同体意识的意见》［N］．光明日报，2019-10-24（01）.

华民族认同、树立中华民族共同体意识的过程。”① 马小婷和王瑜从认同教育出发，分别从广义和狭义上阐释界定了中华民族共同体教育的概念，认为：“中华民族共同体教育的核心在于认同，那么其概念和内涵拓展的范畴应包含对中华民族共同体的认同，即广义上是为强化各族人民对中华民族共同体历史、文化和政治制度的认同而开展的教育实践活动；狭义上的中华民族共同体教育专指学校场域中有目的、有计划、有组织地对青少年开展包含中华民族‘多元一体’格局、中华民族文化以及政治属性内容的相关知识、情感和价值的教育实践活动，进一步铸牢中华民族共同体意识、增强青少年对中华民族共同体的认同。”② 由此可见，学者们普遍认为中华民族共同体教育就是一种通过一定的途径和方法，宣传中华民族共同体的思想和知识，宣传党的民族理论政策，增强各民族对中华民族共同体的认同，从而铸牢中华民族共同体意识的教育活动。

(2) 关于中华民族共同体意识的相关研究

第一，关于中华民族共同体意识内涵的研究。国内学界基于不同的视角，对中华民族共同体意识的内涵有着不同的观点。其一，基于认同视角。郎维伟等认为：“中华民族共同体

---

① 陈立鹏，张珏．关于深入推进中华民族共同体教育的几点思考［J］．贵州民族研究，2020，41（06）：143-149.

② 马小婷，王瑜．中华民族共同体教育的概念、内容与实践逻辑［J］．教育导刊，2020（12）：5-12.

意识……核心内容是对伟大祖国、中华民族、中华文化、中国共产党和中国特色社会主义的认同。”① 郝亚明从心理学的社会认同视角对其探析有助于理论构建与实践推进，其认为：“中华民族共同体意识在本质上是一种群体认同意识。”② 其二，基于意识集合视角。哈正利等认为，中华民族共同体意识是中国各民族的集体身份认同，包含国情家底意识、历史主流意识、政治法治意识、团结合作意识、共同发展意识、共建共享意识。③ 李秀敏、刘春延认为：“中华民族共同体意识是一个具有强大的凝聚力和强烈民族归属感的整体意识……培育中华民族共同体意识不仅要注重民族认同与民族团结，还要不断完善民族政策、增强文化认同。”④ 其三，基于心理过程视角。青觉等认为：“中华民族共同体意识就是人们对中华民族共同体的一系列认知、情感（热爱、忠诚、怀疑、疏远）、评价和认同等心理活动的总和。”⑤ 包银山、王奇昌认为：“铸牢中华民族共同体意识是我国当前民族工作的重心……民族地区高校是践行中华民族共同体意识教育的重要阵地，应充分发挥自

① 郎维伟，陈瑛，张宁．中华民族共同体意识与“五个认同”关系研究［J］．北方民族大学学报（哲学社会科学版），2018（03）：12-21.

② 郝亚明．社会认同视域下的中华民族共同体意识探析［J］．西北民族研究，2020（01）：19-26.

③ 哈正利，杨胜才．中华民族共同体意识基本内涵探析［N］．中国民族报，2017-02-24（05）.

④ 李秀敏，刘春延．中华民族共同体意识的形成与培育［J］．江苏大学学报（社会科学版），2018，20（02）：81-85.

⑤ 青觉，赵超．中华民族共同体意识的形成机理、功能与嬗变——一个系统论的分析框架［J］．民族教育研究，2018，29（04）：5-13.

身优势，积极传播民族团结知识，创新民族团结教育手段和方法，全面推进铸牢大学生中华民族共同体意识教育。”① 严庆指出，中华民族共同体意识是对中华民族共同体这一客观存在的主观反映，强调其是意识层面的心理活动。②

第二，关于中华民族共同体意识的培育路径研究。沈桂萍指出：“培育中华民族共同体意识就是在不同社会成员之间建构共享的历史文化记忆和共享的现实文化形式，从中凝练出全体社会成员共同遵循的价值共识，为全体社会成员生成共有国家认同打下文化和心理基础。”③ 董立人、陈辉指出，中华民族共同体意识的培育要从以下几方面来实施，包括坚持在政治上对意识形态高度认同、坚持发展少数民族地区、坚持文化自信、建立相互嵌入的社会结构和社区环境、坚持和谐发展观。④ 马洁琼认为：“培育中华民族共同体意识需要以新时代中国特色社会主义文化为文化根基，使其在价值遵循和思想指导方面，为中华民族共同体意识的培育给予文化力量与价值支撑。”⑤ 吴卫卫、王帆指出：“高校作为培育大学生中华民族共

① 包银山，王奇昌．民族地区高校推进铸牢大学生中华民族共同体意识教育探析［J］．民族教育研究，2019，30（04）：64-68.

② 严庆．本体与意识视角的中华民族共同体建设［J］．西南民族大学学报（人文社科版），2017，38（03）：46-50.

③ 沈桂萍．培育中华民族共同体意识构建国家认同的文化纽带［J］．西北民族大学学报（哲学社会科学版），2015（03）：1-6.

④ 董立人，陈辉．进一步巩固强化中华民族共同体意识［J］．决策探索（下半月），2016（10）：30-31.

⑤ 马洁琼．文化认同视域下中华民族共同体意识的培育［J］．中共乌鲁木齐市委党校学报，2023（03）：26-30.

同体意识的主阵地，应围绕立德树人这一根本任务，通过课堂教学、课外活动、社会实践等环节开展民族工作和民族政策的相关教育，健全人才培养体系，把培育中华民族共同体意识融入大学生成长成才的过程中。”① 张善鑫指出，铸牢中华民族共同体意识，要增强对伟大祖国的“多元一体”认同、拓展民族团结进步教育形式、普及国家通用语言文字、坚定民族工作的理论和道路自信等。② 李尚旗、郭文亮认为：“当前中华民族共同体意识培育面临众多内部和外部的挑战，其建设路径在于强化对中华民族历史的正确认知认同，增强对中国共产党的政治认同，实现各民族共同繁荣发展，弘扬中国特色社会主义先进文化。”③

第三，关于铸牢中华民族共同体意识意义的研究。学者们大多从维护国家稳定、实现民族团结、为中华民族伟大复兴凝心聚力、提供强大的精神动力和物质力量等角度，探究铸牢中华民族共同体意识的重要意义。张京泽指出：“面对前进道路上的风险挑战，我们必须依靠铸牢中华民族共同体意识来凝聚各民族的共同意志，推动中国特色社会主义巍巍巨轮乘风破

---

① 吴卫卫，王帆．新时代大学生中华民族共同体意识培育路径探究［J］．学校党建与思想教育，2024（10）：47-49.

② 张善鑫．中华民族共同体：国家与民族统一的理论——兼论铸牢中华民族共同体意识的当代路径［J］．西北师大学报（社会科学版），2021，58（05）：75-83.

③ 李尚旗，郭文亮．中华民族共同体意识培育面临的挑战及路径选择［J］．思想理论教育，2019（01）：62-66.

浪、行稳致远。”[①] 杨欢认为，“铸牢中华民族共同体意识在新时代发挥着凝聚各方力量，增进各民族团结互信的现实价值”，具有维护国家统一、促进民族团结、增强文化生命力、有助于实现中华民族伟大复兴等方面的意义。[②] 孔亭认为，铸牢中华民族共同体意识就是整合和提升国家的民族凝聚力，对国家认同、文化认同的增强以及中华民族共同体的建设都有促进作用。[③] 王小兵、吴琼认为：“铸牢中华民族共同体意识，有助于将党的领导组织优势、各族人民群众的凝聚力融入到民族团结进步工作的创建中，融入到中国梦的奋斗目标中。”[④] 刘宝明提出，铸牢中华民族共同体意识是一个重大的命题，“是以习近平同志为核心的党中央着眼于我国民族团结进步事业深入发展提出的根本要求，是习近平新时代中国特色社会主义思想关于民族工作的重要观点之一”。[⑤]

(3) 关于高校铸牢中华民族共同体意识教育的相关研究

第一，关于高校铸牢中华民族共同体意识教育的价值意义

---

① 张京泽．关于铸牢中华民族共同体意识的几点认识［J］．中央民族大学学报（哲学社会科学版），2023，50（05）：5-11.

② 杨欢．新时代铸牢中华民族共同体意识的重要意义［J］．南方论刊，2019（08）：18-20.

③ 孔亭．新时代铸牢中华民族共同体意识的重要意义［J］．辽宁省社会主义学院学报，2018（03）：98-102.

④ 王小兵，吴琼．铸牢中华民族共同体意识的三重逻辑［J］．黑龙江民族丛刊，2020（03）：1-6.

⑤ 刘宝明．改革开放以来中国共产党推动民族理论创新发展重要成果及其意义［J］．中央民族大学学报（哲学社会科学版），2018，45（03）：5-21.

研究。高校铸牢中华民族共同体意识教育能为推进中国式现代化建设、实现中华民族伟大复兴的中国梦凝心聚力，能够培养更多担当民族复兴大任的时代新人。郭锦鹏指出：“铸牢少数民族大学生的中华民族共同体意识，能够增强其爱国主义情感，增进其对伟大祖国、中华民族、中华文化、中国共产党、中国特色社会主义的认同。”① 张伦阳、王伟立足于“两个大局”的宏观时代背景，指出：“高校铸牢中华民族共同体意识，是其坚守意识形态前沿阵地、加强爱国主义教育、战胜潜在风险的必然要求，更是围绕‘立德树人’目标，为新时代中国特色社会主义建设培养合格接班人的社会需求。”② 包银山、王奇昌指出：“铸牢中华民族共同体意识是我国当前民族工作的重心，在民族地区高校大学生中开展铸牢中华民族共同体意识教育意义重大。民族地区高校是践行中华民族共同体意识教育的重要阵地，应充分发挥自身优势，积极传播民族团结知识，创新民族团结教育手段和方法，全面推进铸牢大学生中华民族共同体意识教育。”③ 李海凤、卢林保认为开展铸牢大学生中华民族共同体意识教育，能够“帮助他们更加全面客观清醒地认识中华民族筚路蓝缕的艰辛历史、不屈不挠的抗争

① 郭锦鹏．铸牢少数民族大学生中华民族共同体意识路径研究——以全球化时代为视域［J］．黑龙江民族丛刊，2019（05）：14-19.

② 张伦阳，王伟．“两个大局”视角下高校铸牢中华民族共同体意识的价值意蕴与实现路径［J］．西南民族大学学报（人文社会科学版），2021，42（07）：9-16.

③ 包银山，王奇昌．民族地区高校推进铸牢大学生中华民族共同体意识教育探析［J］．民族教育研究，2019，30（04）：64-68.

历程，夯实当代大学生为实现中华民族伟大复兴奋发向上的政治基础、思想基础和社会基础，更好地投入到新时代中国特色社会主义事业发展进程中去，从而有效助推中华民族伟大复兴顺利实现”。①

第二，关于高校铸牢中华民族共同体意识教育内容的研究。教育内容是开展铸牢中华民族共同体意识教育工作的关键所在。有关铸牢中华民族共同体意识教育的内容，学者们展开了深入的研究。赵心愚强调应主要开展“形势教育、基本国情教育和历史教育”。② 赵刚和蒲俊烨则认为，教育内容“可以是中华民族的历史、构成、政治、经济、文化属性等各方面内容，也可以是有关中华民族的思想与理论，如‘历史命运共同体’理论、‘多元一体’格局理论、‘民族实体’理论等，还可以是解决民族问题的民族政策理论，如民族平等团结理论、民族区域自治制度理论和中国特色解决民族问题的道路理论等”。③ 李芳紧扣中华民族共同体的内涵，提出五个模块的教育内容——以爱国精神为核心的“五个认同”教育、以民族平等为基础的民族团结进步教育、以共享为目标的民族交往交流交融教育、以国籍为标志的国民身份认同教育、以中国梦

① 李海凤，卢林保．新时代铸牢大学生中华民族共同体意识探究［J］．学校党建与思想教育，2020（01）：34-36.

② 赵心愚．教育视域下的铸牢中华民族共同体意识［J］．民族学刊，2021，12（02）：1-8+92.

③ 赵刚，蒲俊烨．中华民族共同体教育：概念、价值、内容与路径［J］．民族教育研究，2020，31（04）：12-18.

为载体的民族使命担当教育。[①] 任玉丹认为："以往研究也有针对不同阶段教育内容的论述，但总体来说，中华民族共同体意识教育内容可以包含三个主要方面：一是中华民族的形成及发展史……二是中华民族的'多元一体'格局……三是'五个认同'教育。"[②] 中华民族共同体意识教育的内容是丰富且具体的，是随时代发展而不断更新变化的，关于中华民族共同体意识教育的内容构建尚未形成系统的体系，在今后仍需进一步加强研究。

第三，关于高校铸牢中华民族共同体意识教育的困境研究。高校开展铸牢中华民族共同体意识教育，是落实立德树人根本任务和加强思想政治工作的重要举措，具有重大的现实意义。但高校在开展铸牢中华民族共同体意识教育的实践中，还存在着一些突出的问题和困境。向驰、雷鹏从制度、课程、形式、支撑四个方面厘清了高校铸牢中华民族共同体意识教育过程中存在的现实困境，即"存在铸牢中华民族共同体意识教育制度设计不完善、课程体系不健全、载体协同有差距、资源利用不充分等问题"。[③] 李海凤和卢林保认为高校在开展铸牢大学生中华民族共同体意识教育的过程中，还存在三个方面的

① 李芳．高校加强中华民族共同体教育的基本问题探析［J］．民族教育研究，2020，31（04）：33-40.

② 任玉丹．铸牢中华民族共同体意识教育成效评价指标体系构建研究——基于 CIPP 模式和知信行理论［J］．西南民族大学学报（人文社会科学版），2022，43（02）：209-218.

③ 向驰，雷鹏．高校铸牢中华民族共同体意识教育的现实困境与优化路径［J］．湖北民族大学学报（哲学社会科学版），2024，42（03）：11-19.

困境，即各民族学生之间的交流有待进一步增强；高校教育活动内容不够明确，各民族学生交流的培育机制亟待健全；高校思想政治理论课有待进一步充分发挥引领促进作用。① 包银山、王奇昌以民族地区高校为研究对象，分析了民族地区高校所处的内部环境、外部环境和自身特征，从而归纳了民族地区高校开展铸牢中华民族共同体意识教育面临的诸多挑战，即民族地区高校的内部环境存在多民族共处的校园环境、现代社会网络信息的传播、社会转型时期多元价值观所带来的挑战；外部环境存在着国外敌对势力、极端民族主义和极端宗教势力的渗透影响；自身存在着地域、人文、教育、经济等因素的制约等挑战。②

第四，关于高校铸牢中华民族共同体意识教育的路径研究。国内学者一直把探寻铸牢中华民族共同体意识教育的路径作为一项重点研究内容。梳理文献发现，学者们从多个维度提出了自己的观点。狄鸿旭认为："思政课堂话语知识体系转换、课程思政激励引导、隐性课堂参与影响和推进高校治理体系及治理能力现代化建设，是高校开展铸牢中华民族共同体意识教育的实践路径。"③ 青觉、王敏提出，在开展铸牢中华民

① 李海凤，卢林保．新时代铸牢大学生中华民族共同体意识探究［J］．学校党建与思想教育，2020（01）：34-36.

② 包银山，王奇昌．民族地区高校推进铸牢大学生中华民族共同体意识教育探析［J］．民族教育研究，2019，30（04）：64-68.

③ 狄鸿旭．高校开展铸牢中华民族共同体意识教育的理论逻辑与实践路径［J］．中南民族大学学报（人文社会科学版），2023，43（09）：46-54+182-183.

族共同体意识教育的过程中，“需要通过政治认知教育、文化认知教育、情感认知教育提升大学生对中华民族共同体的认知水平；通过乐情、冶情、融情教育提升大学生对中华民族共同体的情感；通过情境、结构、关系的协调来形塑大学生健全的人格”。[①] 李芳指出：“高校作为中华民族共同体教育的实践载体，应将铸牢中华民族共同体意识纳入立德树人‘全员、全程、全方位’的育人体系中，形成‘以德为先’的育人导向，构建科学的评价体系。”[②] 靳淑梅、朴婷姬提出，“通过制定明确的实践活动目标，构建校内外多样化的实践途径、开发丰富多元的实践活动内容，实现共同体教育理论与实践相结合”，以此铸牢学生的中华民族共同体意识、加强各民族间交往交流交融。[③] 同时，部分学者结合民族院校的实际，提出开展铸牢大学生中华民族共同体意识教育的对策建议。杨胜才认为：“确保中华民族共同体意识培育取得实效，必须构建有力高效的组织协调体系、协同育人的教育教学体系、考责问效的督导评估体系、整合优化的资源投入体系、常态长效的规范制度体系。”[④] 冉春桃认为，在民族院校开展铸牢中华民族共同体意

① 青觉，王敏．认知、情感与人格：高校铸牢中华民族共同体意识教育的政治心理建构［J］．民族教育研究，2021，32（06）：26-36.

② 李芳．高校加强中华民族共同体教育的基本问题探析［J］．民族教育研究，2020，31（04）：33-40.

③ 靳淑梅，朴婷姬．民族高校中华民族共同体意识教育的实践目标与途径——以延边大学为例［J］．大连民族大学学报，2018，20（06）：481-485.

④ 杨胜才．民族院校铸牢中华民族共同体意识的价值意蕴、方法路径与保障体系［J］．中南民族大学学报（人文社会科学版），2020，40（05）：9-14.

识教育，要“坚持以教学为主线，夯实中华民族共同体意识培育的思想基础；以教师为主导，强化中华民族共同体意识培育的工作理念；以学生为主体，增强中华民族共同体意识培育的实践合力；以制度为保障，创新中华民族共同体意识培育的育人体系”。①

1.2.2 国外研究现状

从现有研究文献来看，目前国外没有直接关于铸牢中华民族共同体意识方面的研究。但国外学者关于“民族共同体意识”问题的研究比较集中，主要体现在两个方面：共同体研究和民族认同研究。

（1）关于共同体的相关研究

国外最早对“共同体”概念进行界定的是德国社会学家斐迪南·滕尼斯，他在《共同体与社会：纯粹社会学的基本概念》一书提出，“共同体”是依赖于记忆和习惯等自然意志，在血缘、地缘和礼俗文化基础上形成的具有共同价值及融洽情感的结合体，是建立在有关人员的本能的中意或者习惯制约的适应或者与思想有关的共同的记忆之上的。德国社会学家马克斯·韦伯从社会关系的角度将共同体分为“家共同体”“邻人共同体”和“社群”。英国学者雷蒙·威廉斯认为，共

① 冉春桃．民族院校中华民族共同体意识培育的路径［J］．中南民族大学学报（人文社会科学版），2019，39（04）：70-74.

同体是由某种关系和情感组合成的，还表现为某种强烈的家国情怀。国外学者关于共同体概念的界定虽然各不相同，但都认为共同体是人的联合，为我们理解中华民族共同体的内涵提供了更多思路。

（2）关于民族认同的相关研究

在西方，民族主义代表一种政治运动和意识形态，坚信民族与国家的契合性，国家建基于民族共同体。美国社会学家迈尔威利·斯图沃德认为，民族认同指某一个民族共同体中的个体认同自己与这个民族中的其他人同属于这个民族共同体，并且接受和认可这个民族共同体的物质文化与精神文化。美国学者本尼迪克特·安德森指出，民族是一种“想象的政治共同体”，而这种想象之所以可能，是因为生产体系和生产关系(资本主义)、传播科技（印刷品）和人类语言宿命的多样性这三个因素之间半偶然的，但又富有爆炸性的相互作用。综合来看，民族认同是一种心理上基于精神、物质、语言、文化、外貌的民族身份的归属感，是一种个体对群体的情感，这些概念界定为本研究提供了一定参考。

1.2.3 国内外研究现状述评

综上所述，当前国外学者直接关于“中华民族共同体”“中华民族共同体意识教育”等的研究成果还鲜有见到。综合国外研究成果来看，国外学者关于“民族认同”与“共同体”的研究起步比较早，而且成果也比较丰富。这些研究成果可为我们开展铸牢中华民族共同体意识教育研究提供些许借鉴和参考。但需要特别注意的是，国外学者的研究成果中虽然有的观点处于研究前沿，但国外学者的观点都是与国外政治模式、国家制度和文化发展模式紧密联系的，他们的观点普遍代表了西方意识形态。我们在研究过程中，不能照搬照抄西方的理论模式，而是要时刻提高警惕，严防西方意识形态的渗透。

国内学者围绕“中华民族共同体”“中华民族共同体意识”“高校铸牢中华民族共同体意识教育”等内容，通过不同视角、不同领域、不同方法开展了积极探索，取得了较为丰富的研究成果。通过梳理发现，当前的研究成果的主题多集中于中华民族共同体意识，且理论性较强，而关于高校铸牢中华民族共同体意识教育的研究较少，成果也不足，还处于初探阶段，现有的研究成果中主要是以民族院校为视角，对民族院校铸牢中华民族共同体意识教育的意义、问题和路径等进行研究，而缺少对普通高校铸牢中华民族共同体意识教育取得的成效、存在的问题和原因，以及对策建议的相关研究。

本研究以综合性高校为观察视角，以各民族学生为调查样本，围绕当前高校开展铸牢中华民族共同体意识教育取得的成效、存在的问题以及问题产生的原因等展开具体研究，这一方面扩大了研究区域和研究对象，能不断丰富当前学界有关高校铸牢中华民族共同体意识教育的研究成果；另一方面，从微观视野上细化了对普通综合院校开展铸牢中华民族共同体意识教育存在问题的具体分析，使提出的对策建议更加具有针对性和实效性。

1.3 研究内容、方法与思路

1.3.1 研究内容

本研究以高校铸牢中华民族共同体意识教育为内容，以习近平总书记关于加强和改进民族工作的重要思想为根本遵循，从理论、政策、实践及反思四个维度出发，界定相关概念、梳理理论基础、阐释价值意义、开展问卷调查、剖析问题实质、探索实践路径，主要有五个方面的内容。

第一部分：主要介绍了本研究的选题背景、选题意义和国内外研究的现状。重点梳理了国内外学者关于民族共同体、中华民族共同体、中华民族共同体意识和高校铸牢中华民族共同体意识教育等方面的研究成果，并对国内外研究的现状进行了分析，提出了本研究的重难点和创新之处。

第二部分：主要为高校铸牢中华民族共同体意识理论阐释。从多学科视角对相关概念进行界定，通过厘清中华民族共同体意识的相关概念内涵，明确铸牢中华民族共同体意识的理论基础和核心要义，从而夯实研究根基，为本研究奠定理论支撑。

第三部分：主要为高校铸牢中华民族共同体意识教育的总体要求、主要任务和时代价值研究。该部分阐释了高校铸牢中华民族共同体意识教育两个方面的总体要求、六个方面的主要任务和四个方面的时代价值，该内容发挥了承上启下的重要作用。

第四部分：主要是高校铸牢中华民族共同体意识教育的现状揭示研究。以S大学、T大学、X大学为例，通过问卷调查和访谈交流相结合的方式对高校开展铸牢中华民族共同体意识教育的现状展开调查研究，在充分调研的基础上，归纳梳理总结当前高校铸牢中华民族共同体意识教育取得的成效，然后归纳高校铸牢中华民族共同体意识教育存在的主要问题。

第五部分：主要是高校铸牢中华民族共同体意识教育问题的原因分析。基于所发现的问题，分析高校铸牢中华民族共同体意识教育存在问题所产生的原因，为高校加强铸牢中华民族共同体意识教育的实践路径探索提供建构依据。

第六部分：主要是新时代高校加强铸牢中华民族共同体意识教育的实践路径研究。在对S大学、T大学、X大学等高校铸牢中华民族共同体意识教育存在问题进行原因分析的基础上，结合新形势下高校思想政治工作要求，有针对性地提出新时代高校加强铸牢中华民族共同体意识教育的多维路径。

1.3.2 研究方法

（1）文献研究法

文献研究法主要指通过搜集、鉴别、整理文献，并通过对文献的研究形成对事实的科学认识的方法，这也是开展本研究的基础方法。本研究充分利用图书馆、数据库、网络平台等渠道搜集、查阅文献资料，通过对铸牢中华民族共同体意识教育方面相关研究成果的收集整理、分析归纳，并利用期刊文章、学术论文等研究资料，较为系统地掌握当前关于高校铸牢中华民族共同体意识教育的研究现状，梳理相关研究成果，跟踪了解该研究的前沿动态，为本研究提供理论支撑。

（2）社会调查法

社会调查法是社会学与民族学调查研究中经常采用的一种研究方法。通过问卷调查和访谈交流，为研究提供数据支撑和现实依据。本研究主要采用的是社会调查法中的问卷调查法和访谈交流法。以西部地区的 S 大学、T 大学、X 大学的在校大学生（本科生和研究生）为调查对象，通过“线上+线下”的方式开展问卷调查和访谈交流。通过对采集到的数据信息进行筛查和分析，掌握 S 大学、T 大学、X 大学开展铸牢中华民族共同体意识教育的现状及问题，从而为本研究提供数据支撑和现实依据。

（3）系统研究法

系统研究法是一种以系统思维来看待社会各要素之间相互联系、相互作用、相互影响、相互制约、相互促进的综合性思维与方法。本研究运用了系统性思维与研究方法，将高校铸牢中华民族共同体意识教育作为一个完整的系统性工作，综合调查数据和有关资料，在将有效信息分类汇总后，准确把握 S 大学、T 大学、X 大学铸牢中华民族共同体意识教育存在的不足，再进行归因分析，从而构建新时代高校加强铸牢中华民族共同体意识教育的有效路径。

（4）跨学科研究法

跨学科研究法是一种综合性的研究方法，既打破学科、门类的壁垒，又提供了跨学科、交叉学科的领域视角。高校铸牢中华民族共同体意识教育研究是一个复杂的课题，不能简单依靠单一学科的理论视角分析和解决问题。从“中华民族”这个关键词来看，其涉及民族学、社会学的学科领域；从“中华民族共同体意识”的角度来看，其涉及政治学、历史学与人类学的学科领域；从“教育”这个关键词来看，它又是关于心理学、教育学等学科的研究。因此，高校铸牢中华民族共同体意识教育研究不能从单一的民族学或教育学的相关理论知识着手，而是要采用跨学科的方法，综合运用交叉学科的知识开展研究。本研究依托跨学科研究的方法，积极学习借鉴历史学、政治学、心理学、民族学等不同学科的理论知识和相关优秀研究成果，从多个角度分析问题，避免研究的孤立性和研究视角的片面和单一，以期能获得更好的研究效果。

1.3.3 研究思路

本研究以新时代高校加强铸牢中华民族共同体意识教育为主题，遵循“理论分析—实证调研—现状剖析—对策探究”的基本研究思路。在整体框架确定后，通过实地调研，对S大学、T大学、X大学铸牢中华民族共同体意识教育现状的调查情况进行汇总，同时结合访谈，分析铸牢中华民族共同体意识教育取得的成效、存在的问题及原因，从而进一步提出加强铸牢中华民族共同体意识教育的实践路径。具体研究思路如下：

首先，分析本研究所需要的基础理论，对有关高校铸牢中华民族共同体意识的理论进行梳理，界定中华民族共同体意识等相关概念，梳理习近平总书记关于“铸牢中华民族共同体意识”这一重大原创性论断的发展过程，奠定本研究的理论基石。其次，着眼新时代高校立德树人根本任务，阐述高校铸牢中华民族共同体意识教育的总体要求、主要任务和时代价值，在全文中起到总领作用。再次，以S大学、T大学、X大学的在校大学生（本科生、研究生）为样本，开展问卷调查和访谈交流，并综合运用文献研究法、跨学科研究法、系统研究法等，对当前高校铸牢中华民族共同体意识教育的现状进行调查分析，了解高校铸牢中华民族共同体意识教育取得的成效、存在的主要问题，并进行归因分析；最后在综合考虑社会、高校、个人等多方因素的基础上，提出新时代高校加强铸牢中华民族共同体意识教育的对策建议。

1.4 研究重难点与创新之处

1.4.1 研究重难点

研究的重点主要体现在两个方面。一方面，厘清中华民族共同体意识教育的概念内涵，准确把握高校铸牢中华民族共同体意识教育的总体要求、主要任务和时代价值，为深入开展研究奠定扎实的理论基础。另一方面，深入了解掌握当前高校铸牢中华民族共同体意识教育的现状，总结成效，归纳经验，找出问题，分析原因，有针对性地提出改进建议，这也是本研究的重要目的之一。

研究的难点在于调查问卷的编制和调研数据的收集。本研究采用问卷调查和访谈交流的方法，但因当前有关高校铸牢中华民族共同体意识教育方面可参考的资料较少，如何编制出符合高校实际的问卷内容和访谈提纲是本研究的一个难点。

1.4.2 创新之处

（1）研究视角创新

中华民族共同体意识是当前学术界研究的热点话题，有着丰富的研究成果。但在现有的研究中，以“高校铸牢中华民族共同体意识教育”为主题的研究成果还比较欠缺，有待丰富。本研究尝试从理论与实践两个方面对“新时代高校加强铸牢中华民族共同体意识教育”进行深入探索，这一视角具有创新性。

（2）研究方法创新

铸牢中华民族共同体意识教育涉及民族学、教育学、社会学、历史学、政治学等多个学科。因此，开展高校铸牢中华民族共同体意识教育研究，不能单一地运用民族学或教育学的相关理论和知识，而是要采用跨学科的方法，综合运用民族学、教育学、历史学、社会学等多个学科的知识开展研究。因此运用跨学科的研究方法，也是本文的一个创新。

（3）研究观点创新

本研究阐释了高校铸牢中华民族共同体意识教育的内容、原则和价值，对当前高校铸牢中华民族共同体意识教育取得的成效、存在的问题以及原因进行了归纳分析，结合新时代高校大学生思想政治教育的特点，有针对性地构建新时代高校加强铸牢中华民族共同体意识教育的实践路径，所提出的观点也是本研究的重要创新之处。

第1章　高校铸牢中华民族共同体意识理论阐释

通过界定中华民族、中华民族共同体、中华民族共同体意识等核心概念，厘清这些概念之间的逻辑关系，阐述铸牢中华民族共同体意识的理论基础及核心要义，为深入开展高校铸牢中华民族共同体意识教育研究打下坚实的理论基础。

1.1　核心概念界定

1.1.1　中华民族

中华民族的形成与发展不是一个机械单一的过程，是经过各族交往、交流、交融逐步形成的有机共同体。“中华民族”是当代最重要的政治理论概念之一，最早由梁启超提出。1902年，梁启超在《论中国学术思想变迁之大势》一文中提到：“我中华民族之有海权思想者，厥惟齐。故于其间产出两种观念焉，一曰国家观，二曰世界观。”① 这是“中华民族”作为词组的第一次使用，他当时所说的“中华民族”，这一概念有些模糊，没有明确的界定。1905 年，他在《历史上中国民族之观察》中认为：“中华民族自始本非一族，实由多民族混合而成。”② 可见，梁启超先生所谓的“中华民族”已经具有多民族属性。“‘中华民族’的概念，受到孙中山等人的高度认可和频繁使用。特别是中华民国的成立，标志着中国从封建王朝国家走向近现代民族国家。辛亥革命、五四运动等事件的发生，尤其是西方列强的侵略，抗日战争的爆发，在中华民族到了最危急的紧要关头，各民族人民坚强勇敢地站出来携手合作，共同抵御外敌，此时国人的‘中华民族’意识空前高涨。”③ 1939 年毛泽东在《中国革命和中国共产党》一文中，将抗战时期国内空前团结的各民族称为“中华民族”，并且指出中华民族“是一个有光荣的革命传统和优秀的历史遗产的民族”④。中华人民共和国的成立进一步促进了中华民族与现代国家的结合并赋予了它现代化的典型特征，使其成为真正的现代民族，此后，“中华民族”的概念一直牢固存在于各族人民的脑海中并被普遍接受和广泛使用。新时代，习近平

---

① 梁启超．饮冰室文集点校［M］．昆明：云南教育出版社，2001：228.

② 徐杰舜，刘冰清，罗树杰．中华民族认同论［M］．银川：宁夏人民出版社，2014：20.

③ 王玉洁．新时代高校铸牢大学生中华民族共同体意识研究［D］．南昌：南昌大学，2023.

④ 毛泽东．毛泽东选集（第二卷）［M］．北京：人民出版社，1991：623.

总书记更加强调中华民族的整体性和统一性，站在构建人类命运共同体的高度，赋予了它新的价值性内涵："中华民族是一个命运共同体，一荣俱荣、一损俱损。各民族只有把自己的命运同中华民族的命运紧紧连结在一起，才有前途，才有希望。"①

《现代汉语词典》对中华民族的解释是："我国各民族的总称，包括五十六个民族，有悠久的历史，灿烂的文化遗产和光荣的革命传统。"② 进入现代社会，中华民族的内涵不断丰富，其中极具代表性的是费孝通先生的观点。费孝通认为，中华民族是一个民族实体，在这个实体之中，56 个民族已经结合成相互依存的、统一而不能分割的实体，所有归属的成分都已具有高一层次的民族认同意识，即共休戚、共存亡、共荣辱、共命运的感情和道义。③ 由此可见，在中华大地上繁衍生息的各民族不断交融汇聚，特别是自秦汉形成统一多民族国家以来，"大一统"的理念深入人心，各民族在分布上交错杂居、在经济上相互依存、在文化上兼收并蓄、在情感上相互亲近，最终形成了"多元一体"的中华民族。

---

① 不断铸牢中华民族共同体意识——论学习贯彻习近平总书记全国民族团结进步表彰大会重要讲话 [N]. 人民日报，2019-09-29 (01).

② 本书编委会. 现代汉语词典（第七版）[M]. 北京：商务印书馆，2017：1695.

③ 费孝通. 中华民族多元一体格局 [M]. 北京：中央民族大学出版社，2018：13.

1.1.2 中华民族共同体

“共同体”是一个群体性概念，马克思着眼于未来社会发展指出“人的本质是人的真正的共同体”[①]，表明社会由个体逐渐发展为庞大的共同体是历史发展的必然趋势。国内学者张全省、刘晓勇提出的观点比较有代表性，他们指出：“共同体是人们基于一定的共性而形成的人类群体存在方式和组织形式，是人们在共同的价值指引下，为了群体共同利益，实现共同目标而建立的综合体，它本质上是在共同利益、共同价值基础上形成的一种共生共荣关系。”[②] 中华民族共同体是中华民族与共同体有机交融的客观实体，从中华民族上升至中华民族共同体，并非将两者进行简单的机械叠加，而是对我国统一多民族共同缔造了一个中华民族所形成的多元一体格局的精准把握和明确表征。“1962 年考古学家夏鼐在发表的《新中国的考古学》中提出了中华民族共同体的概念，并指出全国的少数民族祖先与汉族祖先经过日益紧密的联系共同构成了今天的中华民族共同体，表明中华民族共同体也是在历史发展中逐渐形成的，具有历史合理性。”[③] 费孝通先生认为，中华民族多元

---

① 中共中央马克思恩格斯列宁斯大林著作编译局．马克思恩格斯选集（第三卷）[M]．北京：人民出版社，2012：394.

② 张全省，刘晓勇．新时代铸牢中华民族共同体意识伟大实践及其推进方略 [J]．西北民族大学学报（哲学社会科学版），2020（04）：15-22.

③ 王玉洁．新时代高校铸牢大学生中华民族共同体意识研究 [D]．南昌：南昌大学，2023.

一体格局是一个从分散结合成一体的过程,① 即中华民族共同体不是一蹴而就的，而是逐步实现“多元化一”的。

基于上述分析，本文认为：中华民族共同体不是“中华民族”和“共同体”两个词语的简单组合，而是超出对 56 个民族的集体身份的认同，强调中华民族作为一个有着悠久历史文明的不可分割的民族实体，具备共休戚、共存亡、共荣辱、共命运的凝聚力和向心力，是以政治、经济、社会、文化和生态为主要内容的政治共同体、文化共同体、经济共同体、命运共同体。站在新时代的起点上，对“中华民族共同体”概念的界定，更应该首先强调中华民族共同体的整体性和统一性。

1.1.3　中华民族共同体意识

意识是人的头脑对于客观物质世界的能动反映，是各种心理过程的总和。本研究所采用的意识内涵是基于马克思主义哲学对意识的定义，并结合心理学中意识的能动作用而提出的。总体上而言，辩证唯物主义认为物质决定意识，意识是人脑对客观物质世界的直接认知和自我感觉、看法、观念和思维等反应。中华民族共同体意识同样也是人们对于中华民族共同体本体的认知与反映，既包括概念认知，也包括认同归属、理论解

① 费孝通．中华民族多元一体格局［M］．北京：中央民族大学出版社，2018：15.

读与阐发等。[①]

中华民族共同体是在历史发展的过程中形成的，是客观存在的，而中华民族共同体意识是社会历史发展的产物，是伴随中华民族共同体的产生而产生的，是在中华民族形成和发展中逐渐形成和深化的，是逐渐形成的对民族、国家的一种认同意识。这种意识让中华各民族在长期的历史进程中逐步认识到：中华民族是一个休戚与共、荣辱与共、生死与共、命运与共的共同体，各个民族相互依存、休戚与共，一荣俱荣、一损俱损。“自古以来，中华民族意识始终是以一种自觉存在的形态，内化于各民族人民的脑海深处，或许没有许多人会经常性专门谈论自己的中华民族意识，但每逢外力因素的冲击和刺激，都会自觉激起和警醒人们捍卫祖国和民族的意识，因为人们对中华民族有着高度自觉的归属感和认同感，这也造就了中华民族可以一直是世界上最稳定团结的民族。”[②] 概言之，中华民族共同体意识是指各族人民对自身归属于中华民族这一身份的认可与接纳，是各族人民在社会实践中形成的对中华民族共同体的认知与评价，是各族人民在社会实践中产生的对国家、民族的认同意识与情感归属，具有历史性、稳定性、包容性、共同性、整体性和时代性等突出特征。中华民族共同体意

① 严庆．本体与意识视角的中华民族共同体建设［J］．西南民族大学学报（人文社科版），2017，38（03）：46-50.

② 王玉洁．新时代高校铸牢大学生中华民族共同体意识研究［D］．南昌：南昌大学，2023.

识就是要让全体中华儿女都清楚知道自己身处的中华民族这个大家庭和共同体从哪里来，现阶段处在什么境遇中，未来要走向哪里以及内部成员的共同性体现在哪些地方。

1.1.4　高校铸牢中华民族共同体意识教育

高校铸牢中华民族共同体意识教育，顾名思义，就是高校围绕铸牢中华民族共同体意识而开展的相关教育，其核心内容是铸牢中华民族共同体意识，落脚点是教育。为使本研究更具有针对性，教育的对象限定于大学生，即对大学生进行铸牢中华民族共同体意识教育。教育是培养人的一种社会活动，是传承社会文化、传递生产经验和社会生活经验的基本途径。铸牢中华民族共同体意识是一个长期的过程，需要多措并举、多方发力，需要多种方式方法。教育是铸牢中华民族共同体意识的一个重要途径。高校铸牢中华民族共同体意识教育，是高校思想政治教育的范畴，也是高校大学生思想政治教育活动的重要内容，思想政治教育的理论可以提供理论指导。习近平总书记在党的二十大报告中强调："教育是国之大计、党之大计。培养什么人、怎样培养人、为谁培养人是教育的根本问题。"① 综合上述内容，高校铸牢中华民族共同体意识教育是指高校以习近平总书记关于加强和改进民族工作

① 习近平. 高举中国特色社会主义伟大旗帜 为全面建设社会主义现代化国家而团结奋斗——在中国共产党第二十次全国代表大会上的报告（2022 年 10 月 16 日）[N]. 人民日报，2022-10-26（01）.

的重要思想为指导，根据中华民族共同体意识的价值指向和基本要求，有目的、有计划、有组织地对各族学生开展相关教育活动，使他们对中华民族共同体有一个清楚的认识，并在思想和实践中贯穿始终，旨在引导各族大学生增强对伟大祖国的认同、对中华民族的认同、对中华文化的认同、对中国共产党的认同、对中国特色社会主义的认同，牢固树立休戚与共、荣辱与共、生死与共、命运与共的共同体理念，牢固树立马克思主义国家观、历史观、民族观、文化观、宗教观，深刻认识到中华民族作为56个民族组成的大家庭，是利益攸关、荣辱与共、生死相依的命运共同体，培养更多拥护党的领导、增进民族团结、维护国家统一、德智体美劳全面发展的社会主义建设者和接班人。

1.2 铸牢中华民族共同体意识的理论基础

1.2.1 中国古代传统“大一统”思想

中华民族共同体意识起源于中国古代传统的“大一统”思想。几千年来，中华民族始终把“大一统”视为“天地之常经，古今之通谊”，天下被当作最高政治理想。“大一统”是执政者与民众共同趋向的国家理想，指向疆域一统、政治一统、文化一统等多重性的统一。自古以来，中华民族是由各民族在不断的交往融合过程中形成的，中国的疆域是各民族人民共同开发的，中华文化是各民族共同创造的，具有历史延续性和发展性。虽然历史上有分裂，但总的趋势仍是走向统一，渴望统一、反对分裂也是历朝历代人民群众的心声，所以“大一统”的思想一直在中国历史上有着不同寻常的重要意义。先秦时期，我国就形成了“五方之民”共天下的格局。从秦汉至明清，天下大势分分合合。但无论哪个民族入主中原，都主动认同“大一统”，以此作为政权合法性的来源。汉朝人说“六合同风”“九州共贯”，隋朝人说“协同内外，混一戎华”，元朝人说“天下一家，一视同仁”。即使分裂时期的政权，也没有放弃对统一的追求，如前秦苻坚志在“混六合为一家”，金朝声称“自古帝王混一天下，然后可为正统”等。中华文明具有突出的统一性，从根本上决定了中华民族各民族文化融为一体、即使遭遇重大挫折也牢固凝聚，决定了国土不可分、国家不可乱、民族不可散、文明不可断的共同信念。正因为这种共同信念，尽管中华文明历经朝代更迭、屡遭战乱磨难、几经家国分裂，但国家统一始终成为历史的主流，是各民族人心所向，是发展的大势所趋。

1.2.2　马克思主义经典作家的共同体理论

马克思主义认为人是一种类存在物，人类社会就是一个共同体社会。马克思所描述的共同体的三个阶段是其共同体思想的重要内容。马克思在分析人类社会的发展阶段后提出了三种主要“共同体”的基本形式，从原始社会基于血缘、地缘的

“自然形成的共同体”，到资本主义社会建立的“虚幻的共同体”，以及未来共产主义社会的“真正的共同体”，《共产党宣言》中描述了这种真正的共同体：“将是这样一个联合体，在那里，每个人的自由发展是一切人的自由发展的条件。”① 马克思、恩格斯指出：“只有在共同体中，个人才能获得全面发展其才能的手段，也就是说，只有在共同体中才可能有个人自由”②，并明确指出一个阶级反对另一个阶级联合的共同体既不是自然形成的共同体，更不是真正的共同体，而是为人们带来新的桎梏的“虚幻的共同体”③。换言之，在经典作家看来，真正的共同体本质上就是自由人联合体，在这种共同体的辐射场域中社会关系不再作为那种异己的力量支配人，人与人之间的关系成为一种自然而纯粹的和谐关系。④ 恩格斯曾指出：“没有共同的利益，也就不会有统一的目的，更谈不上统一的行动”⑤，共同的利益是共同行动的基础。综合而知，马克思、恩格斯对共同体思想的阐释从无到有，从粗到精。从所研究内容来看，马克思、恩格斯把“共同体”划分为“自然

① 中共中央马克思恩格斯列宁斯大林著作编译局．马克思恩格斯文集（第二卷）[M]．北京：人民出版社，2009：53.

② 中共中央马克思恩格斯列宁斯大林著作编译局．马克思恩格斯选集（第一卷）[M]．北京：人民出版社，1995：199.

③ 中共中央马克思恩格斯列宁斯大林著作编译局．马克思恩格斯选集（第一卷）[M]．北京：人民出版社，1995：199.

④ 蒋永发．论中华民族共同体意识［D］．北京：中共中央党校（国家行政学院)，2022.

⑤ 中共中央马克思恩格斯列宁斯大林著作编译局．马克思恩格斯选集（第一卷）[M]．北京：人民出版社，1995：490.

形成的共同体”“虚幻的共同体”“真正的共同体”三种形态。从研究目的来看，马克思、恩格斯基于人的发展视角，努力构建实现自由人联合的“真正的共同体”。马克思在很多层面上运用了“共同体”范畴，例如原始群、氏族、家庭、部落、农村公社、国家、货币、资本乃至对未来共产主义社会的描述，但是马克思始终没有对共同体下一个严格而确切的定义，而是强调了不同共同体形态下人的自由解放、发展性问题。①

列宁继承和发展了马克思、恩格斯的民族思想，概括性地阐释了马克思主义的民族纲领。列宁指出：“各民族完全平等，各民族享有自决权，各民族工人打成一片。”②“必须特别慎重地对待民族感情，认真地实行各民族的真正的平等和分离的自由。”③ 在列宁的著作中也有许多体现共同体重要论述的内容，如在《民族和殖民地问题提纲初稿》中，其对共同体建设展开了初步探索；1919 年的《俄共（布）纲领草案》体现了列宁对各民族一律平等的高度重视和要求，“反映了列宁希望各民族的人们真正做到坚定不移地相互接近和打成一片、由法律上的条文明确形式上的平等走向行动事实上的平等的思

① 秦龙．马克思对“共同体”的探索［J］．社会主义研究，2006（03）：10－13.

② 中共中央马克思恩格斯列宁斯大林著作编译局．列宁全集（第 25 卷）［M］．北京：人民出版社，1988：285.

③ 中共中央马克思恩格斯列宁斯大林著作编译局．列宁专题文集：论无产阶级政党［M］．北京：人民出版社，2009：195.

想观点。”[1] 在列宁看来，对待民族问题“要重视各民族之间的平等，减少各民族之间的压迫和剥削，帮助少数民族发展，培养少数民族干部，促进民族团结”[2]。同时，他指出了发展中的资本主义其民族问题所呈现的两种历史趋势：一是建立民族国家，反对一切民族压迫的斗争；二是消除民族隔阂，各民族彼此间交往日益频繁，并在资本、一般经济生活、政治、科学等方面形成国际统一，这也是向社会主义社会转化的规律。[3] 从列宁有关共同体的重要论述中可以看出，人民当家作主、坚持民族平等、坚持人民立场是贯穿其民族思想的鲜明观点。

1.2.3 中国共产党人关于中华民族共同体建设的思想

中国共产党人历来高度重视中华民族共同体建设。历代中央领导集体在精准把握我国统一多民族国家这一国情的基础上，积极将马克思主义基本原理同我国民族实际问题相结合，创造性地提出了许多符合我国国情的民族团结理论，为中华民族共同体建设提供了丰富的理论指导。

毛泽东同志始终主张民族平等和民族团结。1938 年，毛

---

① 王玉洁．新时代高校铸牢大学生中华民族共同体意识研究［D］．南昌：南昌大学，2023.

② 蒋晓倩．西藏创建铸牢中华民族共同体意识示范高校成效研究［D］．拉萨：西藏大学，2023.

③ 中共中央马克思恩格斯列宁斯大林著作编译局．列宁全集（第 24 卷）［M］．北京：人民出版社，1990：129.

泽东在党的六届六中全会上提出了“团结各民族为一体”的主张。他多次强调中华民族内部之间要团结且以后会更加向中华民族靠拢，实现团结进步和发展。1956 年，毛泽东在《论十大关系》中专门阐述了中国共产党对汉族和少数民族关系的根本态度，他强调：“我们必须搞好汉族和少数民族的关系，巩固各民族的团结，来共同努力于建设伟大的社会主义祖国。”① 新中国成立以后，毛泽东更是强调各民族要团结合作、共同繁荣。1953 年 10 月，毛泽东在接见西藏国庆观礼团、参观团代表的谈话中指出：“我们要和各民族讲团结，不论大的民族、小的民族都要团结。……帮助各少数民族，让各少数民族得到发展和进步，是整个国家的利益。各少数民族的发展和进步都是有希望的。总之，我们的方针是团结进步，更加发展。”② 在抗美援朝、保家卫国的爱国斗争中，各族人民群众也展现了高度的团结，同样付出了巨大努力，为此毛泽东明确指出：“帝国主义过去敢于欺负中国的原因之一，是中国各民族不团结，但是这个时代已经永远过去了，从中华人民共和国成立的那一天起，中国各民族就开始团结成为友爱合作的大家庭，足以战胜任何帝国主义的侵略，并且把我们的

① 中共中央文献研究室．毛泽东文集（第七卷）[M]．北京：人民出版社，1999：33-34.

② 中共中央文献研究室．毛泽东文集（第六卷）[M]．北京：人民出版社，1999：311.

祖国建设成为繁荣强盛的国家。”① 毛泽东把中华民族大家庭内部的团结描述为“兄弟一般的团结”，并指出这种团结是各民族发展进步的基石。虽然毛泽东同志尚未正式提出“中华民族共同体”的直接表达，但是他有关民族工作的思想理论中已经蕴含了中华民族作为一个大家庭是一个紧密共同体的意蕴。

改革开放以来，中华民族共同体建设进入了创新发展阶段。邓小平高度重视整个中华民族的大团结和共同富裕，创造性地提出了民族大团结的相关理论，并以“团结友爱、互助合作”对我国民族关系基本特征进行高度概括和深刻揭示。他指出：“我们中华人民共和国是一个多民族的国家。”② “中国是一个多民族国家，因此，民族工作是国家的根本工作之一，把各民族团结在祖国大家庭里，团结在毛泽东的旗帜下，才说得上祖国的强盛，国防的巩固，国家经济的繁荣和人民生活的改善。”③ 他在《争取整个中华民族的大团结》一文中积极肯定了民族工业的发展对中华民族做出的重大贡献，再次强调“要争取整个中华民族的大团结”④。邓小平强调，要继续坚持共同纲领的民族政策，搞好民族团结，抛弃大汉族主义和狭隘的民族主义思想，确保中国境内各民族在政治上取得真正

① 中共中央文献研究室．毛泽东文集（第六卷）[M]．北京：人民出版社，1999：211．

② 邓小平．邓小平文选（第一卷）[M]．北京：人民出版社，1994：162．

③ 邓小平．邓小平文选（第三卷）[M]．北京：人民出版社，1993：362．

④ 邓小平．邓小平文选（第三卷）[M]．北京：人民出版社，1993：161．

的平等地位，在全体人民的共同努力下促进经济不断发展。加强民族团结、推进共同富裕是邓小平关于中华民族共同体建设重要论述的一个缩影。

江泽民同志在继承毛泽东思想和邓小平理论的基础上，在新时期对民族平等、民族团结作出了新的阐述。江泽民强调了党对国家民族现实问题的根本观点："我们的祖国是一个统一的多民族的伟大国家。"① 并指出："各民族不分大小、历史长短、发展阶段高低，都应该一律平等。"② 1990 年，江泽民在视察新疆时指出："我们伟大的中华民族，是由 56 个民族构成的，在我们祖国的大家庭里，各民族之间的关系是社会主义的新型关系，汉族离不开少数民族，少数民族离不开汉族，各少数民族之间也相互离不开。"这样，"两个离不开"思想发展成为"三个离不开"思想。"三个离不开"不但一如既往地强调了汉族与少数民族之间的团结，又专门指出了各少数民族之间团结的重要性，是以江泽民同志为核心的党的第三代中央领导集体对我国社会主义民族关系的高度概括，成为今天我们党和国家正确处理民族关系、做好民族工作、促进各民族共同繁荣进步的重要指导思想。"他不仅从现实的政治、经济、文化建设等多个方面论述维护民族团结的重要性，而且还从历史的发展上，总结提出了长时期以来将我国各民族维系于一个统一

---

① 江泽民．江泽民文选（第一卷）［M］．北京：人民出版社，2006：580.

② 刘先照．中国共产党主要领导人论民族问题［M］．北京：民族出版社，1994：238.

大家庭而又世代传承的三个纽带，即国家的长期统一、各民族相依共存的经济文化联系及近代以来各民族抵御外来侵略和长期革命斗争所结成的休戚与共关系。”① 江泽民同志有关民族平等、民族团结和“三个离不开”的重要论述，折射出了他对中华民族共同体理论的思考和重视。

进入 21 世纪，胡锦涛同志继承和发展了毛泽东思想、邓小平理论、“三个代表 ”重要思想，结合国内外形势，从战略和全局的高度阐述了我们党解决民族问题的一系列方针和政策，为推动中华民族共同体建设提供了新的理论依据。2003 年 3 月，胡锦涛同志在全国政协十届一次会议少数民族界委员联组讨论会上第一次明确提出，实现全面建设小康社会的宏伟目标，就是要更好地实现各民族共同繁荣发展。实现各民族共同繁荣发展，需要各民族共同团结奋斗。“各民族共同团结奋斗、共同繁荣发展”成了新的历史阶段我国民族工作的主题。2005 年，胡锦涛在中央民族工作会议暨国务院第四次全国民族团结进步表彰大会上的讲话中指出：“坚持巩固和发展平等、团结、互助、和谐的社会主义民族关系，大力弘扬爱国主义精神，牢固树立汉族离不开少数民族、少数民族离不开汉族、各少数民族之间也相互离不开的思想观念，促进各民族互相尊重、互相学习、互相合作、互相帮助，始终同呼吸、共命

① 原思明．论江泽民的民族工作思想［J］．当代世界与社会主义，2006（05）：37-40.

运、心连心。”[①] 2006 年 7 月在全国统战工作会议上，他进一步指出，“平等、团结、互助、和谐”的社会主义民族关系体现了中华民族多元一体的基本格局，体现了中华民族大家庭的根本利益。同时，他指出“大陆同胞、香港特别行政区同胞、澳门特别行政区同胞、台湾同胞、海外侨胞是血脉相连的中华儿女”[②]，再次强调了祖国是一个温暖的大家庭，祖国统一是各民族人民群众共同的最高利益，各民族都是中国和中华民族永远不能分割的重要组成部分。

1.3　习近平关于铸牢中华民族共同体意识的重大原创性论断

党的十八大以来，习近平总书记审古今之变、察时代之势，作出“铸牢中华民族共同体意识”这一重大原创性论断。“铸牢中华民族共同体意识”是习近平总书记提出的马克思主义民族理论的重大原创性论断，是马克思主义民族理论中国化时代化的最新成果。习近平总书记关于铸牢中华民族共同体意识的重大原创性论断，从正式提出到形成完整的理论体系，经历了三个阶段。

① 本书编写组．指导新时期民族工作的纲领性文献——深入学习胡锦涛同志在中央民族工作会议上的讲话［M］．北京：人民出版社，2005：9.

② 胡锦涛．胡锦涛文选（第二卷）［M］．北京：人民出版社，2016：483.

1.3.1 “中华民族共同体意识”概念的提出及其思想阐发

2014年5月，在第二次中央新疆工作座谈会上，习近平总书记针对如何化解新疆当时面临的民族问题提出：“要高举各民族大团结的旗帜，在各民族中牢固树立国家意识、公民意识、中华民族共同体意识，最大限度团结依靠各族群众，使每个民族、每个公民都为实现中华民族伟大复兴的中国梦贡献力量，共享祖国繁荣发展的成果。”① 这是“中华民族共同体意识”概念首次出现在党的理论话语之中。2014年9月，在中央民族工作会议暨国务院第六次全国民族团结进步表彰大会上，习近平总书记提出：“加强中华民族大团结，长远和根本的是增强文化认同，建设各民族共有精神家园，积极培养中华民族共同体意识。”② 2015年8月，习近平总书记在中央第六次西藏工作座谈会上强调，实现西藏和四省藏区长治久安，必须“大力培育中华民族共同体意识，广泛开展民族团结进步宣传教育和创建活动”③。从上述可见，习近平总书记提出“中华民族共同体意识”概念后，这一概念在使用过程中经历了从“牢固树立中华民族共同体意识”，到“积极培养中华民

① 坚持依法治疆团结稳疆长期建疆 团结各族人民建设社会主义新疆［N］. 人民日报，2014-05-30（01）.

② 中央民族工作会议暨国务院第六次全国民族团结进步表彰大会在北京举行［N］. 光明日报，2014-09-30（01）.

③ 依法治藏富民兴藏长期建藏 加快西藏全面建成小康社会步伐［N］. 人民日报，2015-08-26（01）.

族共同体意识"，再到"大力培育中华民族共同体意识"的变化，深究其义可以发现，这种变化并非简单的表述、话语调整，而是思想发展的轨迹。

1.3.2 "铸牢中华民族共同体意识"重大原创性论断的正式提出

2017 年 10 月，习近平总书记在党的十九大报告中正式提出"铸牢中华民族共同体意识"这一重大原创性论断，"全面贯彻党的民族政策，深化民族团结进步教育，铸牢中华民族共同体意识，加强各民族交往交流交融，促进各民族像石榴籽一样紧紧抱在一起，共同团结奋斗、共同繁荣发展。"[①] 党的十九大把这一重大原创性论断写入新修订的《中国共产党章程》，意味着"铸牢中华民族共同体意识"成为全党全国各族人民的共同意志。这是党在民族工作理论上的一次重大突破，是马克思主义民族理论中国化时代化的最新成果。习近平总书记关于铸牢中华民族共同体意识的重大原创性论断，经历了从"牢固树立……"到"积极培养……"再到"大力培育……"最后到"铸牢……"的选词锤炼过程，经过了"最初表达—提升发展—正式形成"的严谨建构历程以及指导实践过程，实现了铸牢中华民族共同体意识从理论到实践的知行合一。

---

① 习近平．决胜全面建成小康社会 夺取新时代中国特色社会主义伟大胜利——在中国共产党第十九次全国代表大会上的报告［M］．北京：人民出版社，2017：39-40.

1.3.3 确立以铸牢中华民族共同体意识作为新时代党的民族工作和民族地区各项工作的主线

2019年9月，习近平总书记在全国民族团结进步表彰大会上进一步指出，要以铸牢中华民族共同体意识为主线，全面贯彻党的民族理论和民族政策，坚持共同团结奋斗、共同繁荣发展，把民族团结进步事业作为基础性事业抓紧抓好，促进各民族像石榴籽一样紧紧拥抱在一起。[①] 在2020年8月召开的中央第七次西藏工作座谈会、2020年9月召开的第三次中央新疆工作座谈会上，习近平总书记将“铸牢中华民族共同体意识”纳入新时代党的治藏方略和治疆方略。2021年8月，习近平总书记在中央民族工作会议上指出：“必须以铸牢中华民族共同体意识为新时代党的民族工作的主线，推动各民族坚定对伟大祖国、中华民族、中华文化、中国共产党、中国特色社会主义的高度认同，不断推进中华民族共同体建设”；“做好新时代党的民族工作，要把铸牢中华民族共同体意识作为党的民族工作的主线”；“铸牢中华民族共同体意识是新时代党的民族工作的‘纲’，所有工作要向此聚焦。”[②]这些重要论断鲜明强调将铸牢中华民族共同体意识作为新时代党的民族工作的主线。2022年10月，在党的二十大报告中，习近平总书记再次强调，要

---

① 坚持共同团结奋斗共同繁荣发展 各民族共建美好家园共创美好未来[N]. 人民日报，2019-09-28 (02).

② 以铸牢中华民族共同体意识为主线 推动新时代党的民族工作高质量发展[N]. 人民日报，2021-08-29 (01).

“以铸牢中华民族共同体意识为主线，坚定不移走中国特色解决民族问题的正确道路”①。2023 年 6 月，习近平总书记在内蒙古自治区考察时强调：“铸牢中华民族共同体意识是新时代党的民族工作的主线，也是民族地区各项工作的主线。”② 2023 年 8 月，习近平总书记在听取新疆维吾尔自治区党委和政府、新疆生产建设兵团工作汇报时强调：“铸牢中华民族共同体意识是新时代党的民族工作的主线，也是民族地区各项工作的主线。要把铸牢中华民族共同体意识工作抓实。无论是出台法律法规还是政策措施，都要把是否有利于强化中华民族的共同性、增强中华民族共同体意识作为首要考虑。”③ 2023 年 10 月，习近平总书记在中共中央政治局第九次集体学习时强调：“铸牢中华民族共同体意识，就是要引导各族人民牢固树立休戚与共、荣辱与共、生死与共、命运与共的共同体理念。要全面贯彻党的二十大部署，准确把握党的民族工作新的阶段性特征，把铸牢中华民族共同体意识作为党的民族工作和民族地区各项工作的主线，不断加强和改进党的民族工作，扎实推进民族团结进步事业，推进新时代党的民族工作高质量发展。”④ 2024 年

① 习近平．高举中国特色社会主义伟大旗帜 为全面建设社会主义现代化国家而团结奋斗——在中国共产党第二十次全国代表大会上的报告［M］．北京：人民出版社，2022：39.

② 习近平在内蒙古考察时强调 把握战略定位坚持绿色发展 奋力书写中国式现代化内蒙古新篇章［N］．人民日报，2023-06-09（01）.

③ 牢牢把握新疆在国家全局中的战略定位 在中国式现代化进程中更好建设美丽新疆［N］．人民日报，2023-08-27（01）.

④ 铸牢中华民族共同体意识 推进新时代党的民族工作高质量发展［N］．人民日报，2023-10-29（01）.

4月，习近平总书记在重庆主持召开新时代推动西部大开发座谈会时指出："要坚持铸牢中华民族共同体意识，切实维护民族团结和边疆稳定。"① 习近平总书记在正式提出"铸牢中华民族共同体意识"这一重大原创性论断之后，基于这一论断不断阐发新的思想，给予铸牢中华民族共同体意识更加丰富的内涵，将其明确为新时代党的民族工作和民族地区各项工作的主线。"这是对我们党百年来民族工作发展历程特别是新时代民族工作历史性成就和宝贵经验的科学总结，是党的治国方略在民族工作领域的集中体现，具有重大政治意义、理论意义、实践意义，是我们做好一切工作的根本遵循"②，成为引领新时代党的民族工作和民族地区各项工作高质量发展的旗帜和灵魂。

1.4　铸牢中华民族共同体意识的核心要义

习近平总书记在中央民族工作会议上强调："必须以铸牢中华民族共同体意识为新时代党的民族工作的主线，推动各民族坚定对伟大祖国、中华民族、中华文化、中国共产党、中国特色社会主义的高度认同，不断推进中华民族共同体建设。"③

① 进一步形成大保护大开放高质量发展新格局 奋力谱写西部大开发新篇章［N］. 人民日报，2024-04-24（01）.

② 张京泽. 关于铸牢中华民族共同体意识的几点认识［J］. 中央民族大学学报（哲学社会科学版），2023，50（05）：5-11.

③ 以铸牢中华民族共同体意识为主线 推动新时代党的民族工作高质量发展［N］. 人民日报，2021-08-29（01）.

据此，有学者指出："中华民族共同体意识的核心就是认同问题。"[①] 中华民族共同体意识与"五个认同"关系密切，即"五个认同"是中华民族共同体意识的核心内容。[②] "五个认同"是马克思主义国家观、历史观、民族观、文化观、宗教观的具体体现，更是铸牢中华民族共同体意识的核心要义。

1.4.1　对伟大祖国的认同

习近平总书记指出："反对民族分裂，维护祖国统一，是国家最高利益所在，也是新疆各族人民根本利益所在。"[③] 对伟大祖国的认同，是国家统一之基。"一部中国史，就是一部各民族交融汇聚成多元一体中华民族的历史，就是各民族共同缔造、发展、巩固统一的伟大祖国的历史。"[④] 自古以来，我国是一个统一的多民族国家，伟大祖国是各族人民共同缔造的命运共同体，维护祖国统一是根本利益所在，对伟大祖国的认同是中华民族共同体意识的核心。对伟大祖国的认同，就是要深刻认识我国是一个统一的多民族国家，各族共同缔造了伟大的祖国，始终并肩捍卫着祖国的稳固统一。对伟大祖国的认

---

① 王文光，徐媛媛．中华民族共同体意识形成与发展的历史过程研究论纲［J］．思想战线，2018，44（02）：70-74.

② 陈瑛，郎维伟．中华民族共同体意识与"五个认同"关系再探析［J］．北方民族大学学报，2020（01）：22-28.

③ 紧紧依靠各族干部群众共同团结奋斗 建设团结和谐繁荣富裕文明进步安居乐业的社会主义新疆［N］．人民日报，2014-05-01（01）.

④ 以铸牢中华民族共同体意识为主线 推动新时代党的民族工作高质量发展［N］．人民日报，2021-08-29（01）.

同，主要体现在全国各族人民的爱国意识上。中华民族饱经沧桑，共同的磨难增强了各族儿女对伟大祖国的认同，爱国主义精神铭刻在每个中华儿女心中。“国土不可分、国家不可乱、民族不可散、文明不可断”，这是中国人牢不可破的政治底线和道德信念。作为新时代的青年大学生，要继承和弘扬先辈们的爱国情怀，自觉把维护祖国统一和加强民族团结作为自己的神圣职责，增强对伟大祖国的认同，积极投身到中国式现代化建设的伟大征程之中。

1.4.2 对中华民族的认同

习近平总书记强调：“自古以来，我国各族人民共同创造了璀璨夺目的中华文明，铸就了伟大的中华民族。”① 我们的祖国是一个由多个民族组成的团结的国家，从古至今，各族人民互通有无，相互交流，相互依赖，各民族在中华大地上共同奋斗、共同努力。各民族间是家庭成员的关系，各民族就像石榴籽一样紧紧抱在一起，休戚与共，对中华民族的认同是铸牢中华民族共同体意识的主线。中华民族是一个命运共同体，各民族作为中华民族的一员，都要增强共同体意识，始终把中华民族的共同利益摆在首位。“对中华民族的认同”，就是要深刻认识中华民族多元一体格局，深刻认识中华民族和各民族是一个大家庭和不同成员的关系，倍加珍惜来之不易民族团结大

① 铸牢中华民族共同体意识 推进新时代党的民族工作高质量发展［N］. 人民日报，2023-10-29（01）.

好局面，坚决反对一切危害各民族大团结的言行。[①] 中国历史上经历了多次分裂与统一，自秦以来两千多年的历史长河中，统一的时间约占三分之二，统一是主流也是民心所向，“大一统”的思想流淌在中华民族的文化血脉之中，是中华民族认同感的鲜明政治底色。中国特色社会主义进入新时代，中华民族迎来了历史上最好的发展时期。各族人民要坚持共同团结奋斗、共同繁荣发展，像石榴籽一样紧紧拥抱在一起，形成认同中华民族的强大向心力和情感。

1.4.3　对中华文化的认同

习近平总书记指出：“各族文化交相辉映，中华文化历久弥新，这是今天我们强大文化自信的根源。”[②] “文化认同是最深层次的认同，是民族团结之根、民族和睦之魂。文化认同问题解决了，对伟大祖国、对中华民族、对中国特色社会主义道路的认同才能巩固。”[③] 中华文化包含中华优秀传统文化、革命文化和社会主义先进文化，它扎根于中华民族五千多年的历史长河中，是中华民族的共有精神家园。中华文明源远流长，五千多年的悠久历史生成了深厚的文化底蕴和文明积淀，蕴藏

① 赵长江，王密卿．民族典籍翻译意识研究［J］．西藏民族大学学报（哲学社会科学版），2019，40（02）：77-81+156.

② 坚持共同团结奋斗共同繁荣发展 各民族共建美好家园共创美好未来［N］．人民日报，2019-09-28（02）.

③ 中央民族工作会议暨国务院第六次全国民族团结进步表彰大会在北京举行［N］．光明日报，2014-09-30（01）.

着中华文化世代传承的文明基因。“‘对中华文化的认同’，就是要深刻认识中华文化是各民族文化的集大成，是我们共有的精神家园，是凝聚中华民族的精神纽带。”① 各民族在交往交流过程中，民族文化得到进一步融合发展，多姿多彩的民族文化构成了拥有独特魅力的多元共存的中华文化。中华文化既是包含各民族文化在内的中华民族的整体文化，又是在各民族文化之上，拥有国家法律法规、意识形态等的国家文化、政权文化。中华文化具有兼收并蓄的包容特性，各民族早在历史发展过程中形成了水乳交融、休戚与共的共同体观念。各民族都对中华文化的形成和发展作出了重要贡献，各民族文化都是中华文化不可分割的重要组成部分。认同中华文化既要认同中华民族的整体文化，也要认同各民族文化，更要认同中华文化的思想观念、价值规范和行为尺度。

1.4.4　对中国共产党的认同

习近平总书记强调：“中国共产党是中国特色社会主义事业的领导核心，处在总揽全局、协调各方的地位。在当今中国，没有大于中国共产党的政治力量或其他什么力量。党政军民学，东西南北中，党是领导一切的，是最高的政治领导力量。”中国共产党是国家最高政治领导力量，具有无比坚强的领导力，坚持党的领导是做好民族工作的根本保证，认同中国

① 赵长江，王密卿．民族典籍翻译意识研究［J］．西藏民族大学学报（哲学社会科学版），2019，40（02）：77-81+156.

共产党是政治基石。对中国共产党的认同，就是要深刻认识中国共产党领导是中国特色社会主义最本质的特征，是中国特色社会主义制度的最大优势。各族人民对中国共产党的认同，事关党的执政基础、民族团结和国家统一。新形势下，全国各族人民要积极拥护党的领导，做到听党话、感党恩、跟党走，坚持唯物史观，警惕和抵制历史虚无主义的影响，坚决抵制、反对任何歪曲和丑化党史的错误倾向，增强反对历史虚无主义的政治自觉、理论自觉和行动自觉，旗帜鲜明地反对一切违背和危害党的领导、危害我国社会主义政权、危害国家制度和法治、损害广大人民利益的行为。办好中国的事情，关键在党。没有中国共产党的领导，中华民族伟大复兴必然是空想。“莫言下岭便无难，赚得行人错喜欢。正入万山圈子里，一山放出一山拦。”坚持和完善中国共产党的领导，是党和国家的根本所在、命脉所在，是全国各族人民的利益所在、幸福所在。对中国共产党的认同是历史的选择，是人民的选择，是中华民族沿正确道路持续发展的根本保证。

1.4.5　对中国特色社会主义的认同

习近平总书记强调：“中国特色社会主义是改革开放以来党的全部理论和实践的主题，是党和人民历尽千辛万苦、付出巨大代价取得的根本成就。中国特色社会主义道路是实现社会主义现代化、创造人民美好生活的必由之路，中国特色社会主义理论体系是指导党和人民实现中华民族伟大复兴的正确理论，中国特色社会主义制度是当代中国发展进步的根本制度保障，中国特色社会主义文化是激励全党全国各族人民奋勇前进的强大精神力量。”① 对中国特色社会主义的认同，就是要更加自觉地增强道路自信、理论自信、制度自信、文化自信，既不走封闭僵化的老路，也不走改旗易帜的邪路，保持政治定力，坚持实干兴邦，始终坚持和发展中国特色社会主义。“回首百年，从山河破碎到国泰民安，从满目疮痍到民族振兴，中国人民在中国共产党的领导下取得了一个又一个伟大胜利，中华民族迎来了从站起来、富起来到强起来的伟大飞跃。”② 历史雄辩地证明：只有社会主义才能救中国，只有中国特色社会主义才能发展中国。在全面建设社会主义现代化国家的新征程上，我们必须毫不动摇地继续坚持和发展中国特色社会主义。增强对中国特色社会主义的认同，是构建各民族共有精神家园的制度基础。中国共产党在近百年的实践中带领中国人民和中华民族取得了革命、建设、改革的伟大胜利，开创和发展了中国特色社会主义。中国特色社会主义是中国共产党领导的产物，是人民的选择；是中国共产党领导中国人民团结的旗帜、奋进的旗帜、胜利的旗帜；是引领中国人民和中华民族前途命运的伟大旗帜。

---

① 习近平．决胜全面建成小康社会 夺取新时代中国特色社会主义伟大胜利——在中国共产党第十九次全国代表大会上的报告（2017 年 10 月 18 日）［N］．光明日报，2017-10-28（01）．

② 必须坚持和发展中国特色社会主义［J］．学习月刊，2021（09）：4-7．

第 2 章　高校铸牢中华民族共同体意识教育的总体要求、主要任务和时代价值

2.1　高校铸牢中华民族共同体意识教育的总体要求

2.1.1　高校铸牢中华民族共同体意识教育的根本遵循

党的十八大以来，在新时代治国理政的宏阔实践中，以习近平同志为核心的党中央直面民族工作面临的新形势新任务，站在坚持和发展中国特色社会主义、实现中华民族伟大复兴的战略高度，坚持“两个结合”、着眼“两个大局”，立足国家治理现代化新航程，深刻总结国内外民族工作经验教训，深刻把握中华文明发展规律，对当代中国新型民族关系进行深邃思考，科学回答新时代民族工作举什么旗、走什么路等重大问题，创造性提出一系列具有原创性、标志性的新理念新思想新战略，巩固和拓展中国特色解决民族问题的正确道路，开辟马

克思主义民族理论中国化时代化的新境界，形成了习近平总书记关于加强和改进民族工作的重要思想。

习近平总书记关于加强和改进民族工作的重要思想，内容十分丰富，涉及民族工作各领域各方面，是一个完整的思想体系，概括起来主要有十二个方面：必须从中华民族伟大复兴战略高度把握新时代党的民族工作的历史方位；必须把推动各民族为全面建设社会主义现代化国家共同奋斗作为新时代党的民族工作的重要任务；必须以铸牢中华民族共同体意识为新时代党的民族工作的主线；必须坚持正确的中华民族历史观；必须坚持各民族一律平等；必须高举中华民族大团结旗帜；必须坚持和完善民族区域自治制度；必须构筑中华民族共有精神家园；必须促进各民族广泛交往交流交融；必须坚持依法治理民族事务；必须坚决维护国家主权、安全、发展利益；必须坚持党对民族工作的领导。这一重要思想是我们党坚持把马克思主义民族理论同中国具体实际相结合、同中华优秀传统文化相结合推进理论创新取得的最新成果，是党的民族工作理论和实践的智慧结晶，是新时代党的民族工作的根本遵循，必须完整、准确、全面把握和贯彻。习近平总书记关于加强和改进民族工作的重要思想，是新时代高校开展铸牢中华民族共同体意识教育的根本遵循。

高校开展铸牢中华民族共同体意识教育，要坚持以习近平总书记关于加强和改进民族工作的重要思想为根本遵循，以社会主义核心价值观为引领，落实立德树人根本任务，紧紧围绕铸牢中华民族共同体意识这一主线，教育引导各族学生牢固树立休戚与共、荣辱与共、生死与共、命运与共的共同体理念，不断增进对伟大祖国、中华民族、中华文化、中国共产党、中国特色社会主义的认同，不断提升国家意识、公民意识、法治意识，以团结奋进的精神状态，积极投身强国建设、民族复兴的伟大实践，把有利于铸牢中华民族共同体意识的事情做细做实，把有利于强化中华民族共同性、增强中华民族共同体意识作为各项工作的首要衡量标准，推动习近平总书记关于加强和改进民族工作的重要思想入脑入心、走深走实，持续深入推进中华民族共有精神家园建设。

2.1.2　高校铸牢中华民族共同体意识教育的基本原则

（1）坚持正确政治方向

习近平总书记深刻指出，我们的高校是党领导下的高校，是中国特色社会主义高校。[①] 扎根中国大地办大学，必须始终坚持正确的政治方向不动摇，始终坚持党对高校工作的全面领导不动摇。进入新时代，做好高校民族工作，必须坚持以习近平新时代中国特色社会主义思想为指导，牢固树立“四个意识”，坚定“四个自信”，做到“两个维护”，始终坚持中国特色解决民族问题的正确道路，坚决贯彻落实党中央关于民族工

① 把思想政治工作贯穿教育教学全过程 开创我国高等教育事业发展新局面[N]. 人民日报，2016-12-09（01）.

作的重大决策部署，始终把党的领导贯穿到高校立德树人根本任务的全过程、各方面、诸环节，深入贯彻新时代党的教育方针和民族政策，坚持社会主义办学方向，自觉把思想和行动统一到党中央对民族工作形势的判断上来，统一到中国特色解决民族问题的正确道路上来，统一到习近平总书记关于加强和改进民族工作的重要思想上来，教育引导各族师生牢固树立休戚与共、荣辱与共、生死与共、命运与共的共同体理念，促进各族学生广泛交往、全面交流、深度交融，不断增强中华民族凝聚力和中华文化影响力。

(2) 坚持立德树人根本任务

习近平总书记强调："要把立德树人的成效作为检验学校一切工作的根本标准，真正做到以文化人、以德育人，不断提高学生思想水平、政治觉悟、道德品质、文化素养。"① 党的二十大报告指出："育人的根本在于立德。"② 高校要遵循育人为本、德育为先原则，积极探索创新铸牢中华民族共同体意识教育方式方法，强化教育引导、氛围熏陶、实践养成，构建课堂教学、教育实践、校园文化建设、网络思政育人等多维一体的育人平台，将铸牢中华民族共同体意识教育作为学校全员育

① 抓住培养社会主义建设者和接班人根本任务 努力建设中国特色世界一流大学［N］. 人民日报，2018-05-03（01）.

② 习近平. 高举中国特色社会主义伟大旗帜 为全面建设社会主义现代化国家而团结奋斗——在中国共产党第二十次全国代表大会上的报告（2022 年 10 月 16 日）［N］. 人民日报，2022-10-26（01）.

人职责，贯穿办学治校、教书育人的全过程，融入德、智、体、美、劳各方面，形成学校、家庭、社会共同育人格局。

(3) 坚持统筹规划与分类指导相结合

习近平总书记指出："面对复杂形势和繁重任务，首先要有全局观，对各种矛盾做到心中有数，同时又要优先解决主要矛盾和矛盾的主要方面，以此带动其他矛盾的解决。"[①] 统筹兼顾是中国共产党的一个科学方法论。它的哲学内涵就是马克思主义辩证法。高校要统一规划铸牢中华民族共同体意识教育的实施方案，加强领导、完善机制、拓展渠道、创新载体、改善环境、提升能力；要加强分类指导，制定专科生、本科生和研究生铸牢中华民族共同体意识教育的目标、任务和内容，全面提高学校铸牢中华民族共同体意识教育的针对性和实效性。

(4) 坚持突出共同性与包容差异性相结合

习近平总书记强调："要正确把握共同性和差异性的关系，增进共同性、尊重和包容差异性是民族工作的重要原则。"[②]高校要在铸牢中华民族共同体意识教育实践中，坚持突出共同性与包容差异性相结合的原则，引导各族学生正确认识

① 中共中央政治局召开会议 [N]. 光明日报，2015-01-24 (01).

② 以铸牢中华民族共同体意识为主线 推动新时代党的民族工作高质量发展 [N]. 人民日报，2021-08-29 (01).

和处理共同性与差异性的关系，促进各民族交往交流交融。一方面，要以突出共同性为方向，进一步改进和优化铸牢中华民族共同体意识教育内容，不断推进中华民族共同体建设。高校要从各民族交往交流交融的历史出发，立足于我国统一的多民族国家的基本国情，有理有据、讲清讲透中华民族共同体是客观存在的民族实体；从各族学生关心的现实问题出发，讲述新时代我国经济建设发展取得的巨大成就，阐明我国各民族是利益相连的民族共同体。另一方面，铸牢中华民族共同体意识教育要做到淡化差异、包容多样，坚决防范夸大差异性和削弱共同性。要充分尊重和包容民族文化的个性，阐释清楚中华文化和各民族文化之间的关系，帮助各族学生客观认识中华文化的形成历史，了解各民族文化兼具地域性和民族性差异，更具中华文化的共性，以文化交融互鉴筑起中华民族共有精神家园。

(5) 坚持线下与线上相结合

习近平总书记指出：“为了实现我们的目标，网上网下要形成同心圆。什么是同心圆？就是在党的领导下，动员全国各族人民，调动各方面积极性，共同为实现中华民族伟大复兴的中国梦而奋斗。”① 互联网技术的快速发展使得舆论生态、媒体格局、传播方式等均发生剧烈变化，民族工作领域意识形态

① 习近平. 在网络安全和信息化工作座谈会上的讲话［N］. 新华日报，2016-04-26（02）.

斗争愈加复杂，抓好网络舆论成为构建铸牢中华民族共同体意识教育常态化长效化机制的必由之路。因此，高校铸牢中华民族共同体意识教育工作要从现实环境拓展至网络空间，实现铸牢中华民族共同体意识教育的全效传播、长效传播。一方面，要运用好大数据、人工智能等新兴技术手段，加快推动传统媒体与新兴媒体的深度融合，通过广播、电视、电脑、手机等多种终端进行融合传播，在线上线下广泛开展铸牢中华民族共同体意识宣传教育活动。另一方面，要充分利用学校网站、微博、微信、抖音等新媒体平台进行日常性、持续性宣传，强化网络舆论引导，抢占网络意识形态宣传阵地，大力营造各民族“共同团结奋斗、共同繁荣发展”的网络文化氛围，推动各族学生自觉抵制各种错误观点，像石榴籽一样紧紧抱在一起，使互联网成为铸牢中华民族共同体意识教育的最大增量。

2.2　高校铸牢中华民族共同体意识教育的主要任务

2.2.1　构建铸牢中华民族共同体意识教育常态化机制

习近平总书记指出：“要构建铸牢中华民族共同体意识宣传教育常态化机制，纳入干部教育、党员教育、国民教育体系，搞好社会宣传教育。”① 高校要坚持用习近平新时代中国

① 以铸牢中华民族共同体意识为主线 推动新时代党的民族工作高质量发展[N]. 人民日报，2021-08-29（01）.

特色社会主义思想铸魂育人，将铸牢中华民族共同体意识教育融入日常、抓在经常，纳入新生入学“第一课”、日常教育“每一课”、毕业离校“最后一课”，融入思政课程和课程思政，坚持日常教育与集中教育相结合、线上教育和线下教育相结合、校内教育与校外教育相结合，全方位推进铸牢中华民族共同体意识教育进教材、进课堂、进头脑，推进铸牢中华民族共同体意识教育与信息技术深度融合，与日常教学、课外活动、志愿服务、社会实践等有机融合，将铸牢中华民族共同体意识教育贯穿高校立德树人全过程、全方位，构建更加完善的铸牢中华民族共同体意识教育常态化机制。

2.2.2 积极培育和践行社会主义核心价值观

习近平总书记指出：“要培育和践行社会主义核心价值观，不断增强各族群众对伟大祖国、中华民族、中华文化、中国共产党、中国特色社会主义的认同。”① 培育和践行社会主义核心价值观是凝魂聚气、强基固本的基础工程。高校要坚持以习近平新时代中国特色社会主义思想为指导，深入开展中国梦宣传教育，开展爱国主义、集体主义和社会主义宣传教育，着力培育和践行社会主义核心价值观，教育引导各族学生将社会主义核心价值观内化为精神追求，外化为自觉行动，在自觉践行社会主义核心价值观的实践中，实现个人、社会、民族、

① 全面贯彻新时代党的治藏方略 建设团结富裕文明和谐美丽的社会主义现代化新西藏［N］. 人民日报，2020-08-30（01）.

国家价值观的内在统一。

2.2.3　深化“四史”宣传教育

习近平总书记在中央第七次西藏工作座谈会上强调：“要深入开展党史、新中国史、改革开放史、社会主义发展史教育，深入开展西藏地方和祖国关系史教育，引导各族群众树立正确的国家观、历史观、民族观、文化观、宗教观。”① 高校要深化党史、新中国史、改革开放史、社会主义发展史及中华民族发展史的宣传教育，特别是要继承和发扬党领导人民在各个历史时期奋斗中形成的伟大建党精神等精神谱系，用共同理想信念凝心铸魂，教育引导各族大学生树立正确的中华民族历史观，在学思践悟中坚定理想信念，在奋发有为中践行初心使命，增进对伟大祖国、中华民族、中华文化、中国共产党、中国特色社会主义的认同，成为铸牢中华民族共同体意识的中坚力量。

2.2.4　增强中华文化认同

习近平总书记指出：“文化认同是最深层次的认同，是民族团结之根、民族和睦之魂。文化认同问题解决了，对伟大祖国、对中华民族、对中国特色社会主义道路的认同才能巩

① 全面贯彻新时代党的治藏方略 建设团结富裕文明和谐美丽的社会主义现代化新西藏［N］. 人民日报，2020-08-30（01）.

固。”① 高校要以增强认同为目标，大力弘扬中华优秀传统文化、革命文化、社会主义先进文化，教育引导各族学生正确认识中华文化是各民族文化的集大成，自觉传承和弘扬中华优秀传统文化、革命文化和社会主义先进文化，坚持以社会主义先进文化为引领，促进各民族优秀传统文化传承保护和创新发展，树立和突出各民族共享的中华文化符号和中华民族形象，增强中华民族归属感、认同感和自豪感。

2.2.5 加强国家通用语言文字教育

习近平总书记在全国民族团结进步表彰大会上的讲话中指出：“全面加强国家通用语言文字教育，不断提高各族群众科学文化素质。”新时代新征程，高校要进一步提高政治站位，坚定不移推广普及国家通用语言文字，全面推行使用国家统编教材，提升国家通用语言文字教学质量和水平，提高各族大学生使用国家通用语言文字的意识和能力。加强国家通用语言文字教育，以语言相通促进心灵相通、命运相通，促进各民族交往交流交融，促进各民族像石榴籽一样紧紧抱在一起，促进各民族共同繁荣发展。

2.2.6 引导各族学生强化国家观念

习近平总书记指出：“一部中国史，就是一部各民族交融

① 李婉芝. 增进新时代中国青年的文化认同 [N]. 光明日报，2022-09-21(06).

汇聚成多元一体中华民族的历史，就是各民族共同缔造、发展、巩固统一的伟大祖国的历史。”① 铸牢中华民族共同体意识教育是爱国主义教育的重要组成部分。高校开展铸牢中华民族共同体意识教育，要着力激发爱国意识和爱国情感，使各族学生深刻认识维护国家统一和民族团结是我国各族人民的最高利益，把自身的理想志向同祖国的前途命运紧密联系在一起，坚决维护国家统一和领土完整，坚决维护社会稳定和长治久安，讲好新时代民族团结进步故事，不断增强“五个认同”；教育引导学生充分认识我国是一个统一的多民族国家的基本国情，准确把握中华民族是多元一体的伟大民族，各民族是血脉相连的关系；认识祖国辽阔的疆域是各民族共同开拓的，悠久的历史是各民族共同书写的，灿烂的中华文化是各民族共同创造的，伟大的精神是各民族共同培育的。

2.3　高校铸牢中华民族共同体意识教育的时代价值

2.3.1　是维护国家统一和增进民族团结的必然要求

中华民族共同体意识是国家统一之基、民族团结之本、精神力量之魂。在 5000 多年的文明发展史上，各民族在中华大地上繁衍生息、交融汇聚，共同开拓了辽阔的疆域，共同书写

① 坚持共同团结奋斗共同繁荣发展 各民族共建美好家园共创美好未来［N］. 人民日报，2019-09-28（02）.

了悠久的历史，共同创造了灿烂的文化，共同培育了伟大的精神。中华民族作为一个自在的实体已有几千年历史，中华民族共同体是历史的共同体，这是祖先留给我们的宝贵财富和天大福祉。在漫长的历史发展中，维护国家统一和民族团结，始终是中华民族孜孜不倦的追求。中国共产党历来高度重视民族团结进步工作，在党的领导下我国经济社会发展和民生改善发生天翻地覆的变化，取得了前所未有的成绩，社会稳定和谐，经济繁荣发展，各族群众安居乐业，中国特色社会主义事业欣欣向荣，我们正向着第二个百年奋斗目标迈进。

长期以来，西方反华势力、境内外“三股势力”采用各种手段对我国进行围堵打压，他们以“自由、民主、人权”等为招牌，大力对我国进行意识形态渗透，目的就是动摇我们的思想根基，摧毁中国人的自信心和凝聚力。习近平总书记强调：“当前，各种敌对势力一直企图在我国制造‘颜色革命’，妄图颠覆中国共产党领导和我国社会主义制度。这是我国政治安全面临的现实危害。他们选中的一个突破口就是意识形态，企图把人民思想搞乱，然后浑水摸鱼、乱中取胜。新形势下，意识形态领域斗争复杂尖锐。”①“要守住意识形态阵地，积极稳妥处理涉民族因素的意识形态问题，持续肃清民族分裂、宗教极端思想流毒。”② 当前，世界正经历百年未有之大变局，我

① 习近平在视察解放军报社时强调 坚持军报姓党坚持强军为本坚持创新为要 为实现中国梦强军梦提供思想舆论支持［N］. 光明日报，2015-12-27（01）.

② 以铸牢中华民族共同体意识为主线 推动新时代党的民族工作高质量发展［N］. 人民日报，2021-08-29（01）.

国正处在实现中华民族伟大复兴中国梦的关键时期。国家统一和社会稳定是各民族人民的最高利益，是各民族繁荣发展的前提和基础。“铸牢中华民族共同体意识是维护各民族根本利益的必然要求，只有铸牢中华民族共同体意识，构建起维护国家统一和民族团结的坚固思想长城，各民族共同维护好国家安全和社会稳定，才能有效抵御各种极端、分裂思想的渗透颠覆，才能不断实现各族人民对美好生活的向往，才能实现好、维护好、发展好各民族根本利益。”① 人的任何思想观念都不是自然而然形成的，而是长期教育和实践的结果。高校是维护国家统一和民族团结的重要阵地，也是开展铸牢中华民族共同体意识教育的重要场域。面对错综复杂的国际国内形势，高校通过持续开展铸牢中华民族共同体意识教育，把爱我中华的种子埋在每一名学生的心灵深处，引导各民族学生牢固树立休戚与共、荣辱与共、生死与共、命运与共的共同体理念，深刻认识国家统一是各民族的最高利益，像爱护自己的眼睛一样爱护民族团结，像珍视自己的生命一样珍视民族团结，像石榴籽那样紧紧抱在一起，构筑起民族团结、社会稳定和国家统一的铜墙铁壁。

2.3.2　是培养堪当民族复兴重任的时代新人的必然要求

古今中外，每个国家都是按照自己的政治要求来培养人的。培养什么人，是教育的首要问题。习近平总书记指出：

① 以铸牢中华民族共同体意识为主线 推动新时代党的民族工作高质量发展［N］. 人民日报，2021-08-29 (01).

“我国是中国共产党领导的社会主义国家，这就决定了我们的教育必须把培养社会主义建设者和接班人作为根本任务，培养一代又一代拥护中国共产党领导和我国社会主义制度、立志为中国特色社会主义奋斗终身的有用人才。”① “广大青年要肩负历史使命，坚定前进信心，立大志、明大德、成大才、担大任，努力成为堪当民族复兴重任的时代新人，让青春在为祖国、为民族、为人民、为人类的不懈奋斗中绽放绚丽之花。”② 总书记的重要讲话，深刻回答了新时代我国高等教育培养什么人这一首要问题。这意味着，我国各级各类学校的共同使命和育人目标无不在于培养堪当民族复兴重任的时代新人。我国高等教育已进入普及化阶段，在校生规模超过4000万人。青年大学生是实现中华民族伟大复兴的未来和希望，为中华民族伟大复兴凝聚起当代青年人的磅礴力量，是铸牢中华民族共同体意识的题中之义，是高校思想政治教育的重要使命。高校铸牢中华民族共同体意识教育关系到中华民族的凝聚力和向心力，关系到中国特色社会主义现代化进程。正如习近平总书记指出：“青年一代有理想、有本领、有担当，国家就有前途，民族就有希望。”③ 因此，高校必须强化民族团结进步教育，多

① 教育是国之大计、党之大计［N］. 新华日报，2018-09-13（15）.

② 坚持中国特色世界一流大学建设目标方向 为服务国家富强民族复兴人民幸福贡献力量［N］. 人民日报，2021-04-20（01）.

③ 习近平. 决胜全面建成小康社会 夺取新时代中国特色社会主义伟大胜利——在中国共产党第十九次全国代表大会上的报告［M］. 北京：人民出版社，2017.

措并举，充分发挥教育的作用以铸牢大学生中华民族共同体意识。

当代中国青年成长于改革开放的岁月，亲历了中国从富起来到强起来的伟大跨越，他们有着强烈的爱国热情，敢于表达、勇于行动。然而，近年来，社会上虚无历史的态度、诋毁英雄的谣言、各种错误的思想等沉渣泛起，误导着各族大学生的认知，冲击侵蚀着各族大学生的世界观、人生观、价值观，给高校思想政治教育带来了严峻挑战。“高校思想政治工作关系高校培养什么样的人、如何培养人以及为谁培养人这个根本问题。”①高校要自觉承担起为党育人、为国育才的使命任务，站在中国特色社会主义进入新时代的高度，站在党和国家、人民期待的角度，深入开展铸牢中华民族共同体意识教育，广泛开展党的民族理论和民族政策学习，开展爱国主义教育、社会主义核心价值观教育、法治教育等多样化的教育活动，引导各族大学生树立正确的国家观、历史观、民族观、文化观、宗教观，增强对伟大祖国、中华民族、中华文化、中国共产党、中国特色社会主义的认同，自觉做民族团结进步事业的建设者、促进者，成长为担当民族复兴重任的中坚力量。

2.3.3　是建设安定团结和谐模范高校校园的必然要求

习近平总书记在全国高校思想政治工作会议上指出，要坚

① 把思想政治工作贯穿教育教学全过程 开创我国高等教育事业发展新局面[N]. 人民日报，2016-12-09（01）.

持不懈促进高校和谐稳定，培育理性平和的健康心态，加强人文关怀和心理疏导，把高校建设成为安定团结的模范之地。[①]高校不是封闭的孤岛，高校发生的事情会影响社会，社会上发生的事情也会影响高校。我们要从国家政治安全和意识形态安全的高度，认清维护高校和谐稳定的重大意义，把高校建设成为安定团结的模范之地。稳定才能发展，平安才能和谐。办好我国高校，办出世界一流大学，必须牢牢抓住全面提高人才培养能力这个核心点，并以此来带动高校其他工作。高校的安全稳定是落实立德树人根本任务的重要基石，对保障教学科研、人才培养、师生切身利益，促进高等教育事业发展等有着极为重要的意义。这就使得高校成为境内外敌对势力想方设法渗透和破坏的重点区域。西方敌对势力以高校青年学生为目标，穷其一切手段诋毁党的民族政策、传播宗教极端思想、挑拨民族关系、破坏民族团结、制造民族对立，妄图与我们争夺阵地、争夺人心、争夺下一代。这些成为影响我国高校安全稳定最直接、最现实的危害。

截至2022年，全国共有高等学校3013所。其中，普通本科学校1239所（含独立学院164所），各种形式的高等教育在学总规模4655万人。[②] 高校学生来自全国各地、各个民族，他们的生活习惯、文化习俗、家庭环境等各有不同，部分学生

---

① 把思想政治工作贯穿教育教学全过程 开创我国高等教育事业发展新局面［N］. 人民日报，2016-12-09（01）.

② 教育部：全国共有学历教育在校生2.93亿人［EB/OL］. 中华人民共和国教育部新闻发布会网站，2023-03-23.

对中华民族多元一体的认识比较模糊，有着较强的本民族意识。同时，受西方反华势力的渗透和不良思潮的影响，高校安全稳定面临着严峻的挑战和风险隐患。高校大学生是历史发展的见证者，是新时代伟大变革的参与者，是建设安定团结和谐模范校园的重要力量。铸牢中华民族共同体意识是高校思想政治教育的一项重要任务。高校通过开展铸牢中华民族共同体意识教育，介绍好新时代我国民族团结进步事业的伟大成就，讲好各民族团结向前、守望相助的动人故事，促进各民族学生和睦相处、和衷共济、和谐发展，引导各民族学生铸牢中国心、中华魂，积极投身校园安全稳定建设之中，把高校建设成为安定团结和谐的模范之地。

2.3.4　是推动新时代高校党的民族工作高质量发展的必然要求

习近平总书记指出："铸牢中华民族共同体意识、推进新时代党的民族工作高质量发展，是全党全国各族人民的共同任务。"[①] 2021 年，习近平总书记在中央民族工作会议上对铸牢中华民族共同体意识进行了系统深入阐述，这标志着习近平总书记关于铸牢中华民族共同体意识的重要论述已经形成一个科学完整的理论体系，成为推进我国民族工作高质量发展的根本遵循。2023 年 10 月，习近平总书记在中共中央政治局第九次

① 铸牢中华民族共同体意识 推进新时代党的民族工作高质量发展［N］. 人民日报，2023-10-29（01）.

集体学习时围绕“铸牢中华民族共同体意识 推进新时代党的民族工作高质量发展”发表重要讲话，他指出：“把铸牢中华民族共同体意识作为党的民族工作和民族地区各项工作的主线。”① 总书记的讲话，再次为推进新时代党的民族工作高质量发展提出了明确要求，指明了前进方向，提供了思想指引。新时代高校民族工作要坚持以习近平总书记关于加强和改进民族工作的重要思想为指引，以铸牢中华民族共同体意识为主线，按照增进共同性的方向积极开展工作，引导各族学生正确把握中华民族共同体意识和各民族意识的关系，始终把中华民族利益放在首位，本民族意识要服从和服务于中华民族共同体意识，在尊重“多元”的基础上强化“一体”的共同体意识。

习近平总书记指出：“实现中华民族伟大复兴，教育的地位和作用不可忽视……我国高等教育发展方向要同我国发展的现实目标和未来方向紧密联系在一起，为人民服务，为中国共产党治国理政服务，为巩固和发展中国特色社会主义制度服务，为改革开放和社会主义现代化建设服务。”② 我国高等学校肩负着人才培养、科学研究、社会服务、文化传承创新和国际交流合作的重要职能，在推进中华民族伟大复兴的进程中起着重要作用。“高校汇聚了来自全国各地各民族的大学生，是中华民族大家庭的缩影；高校汇聚了大量专家学者，是研究和

① 铸牢中华民族共同体意识 推进新时代党的民族工作高质量发展［N］. 人民日报，2023-10-29（01）.

② 把思想政治工作贯穿教育教学全过程 开创我国高等教育事业发展新局面［N］. 人民日报，2016-12-09（01）.

宣传党的民族理论和民族政策的重要力量。”① 中华民族共同体意识作为一种国家意识，并不是个人与生俱来的，需要经过教育和培养才能形成。开展铸牢中华民族共同体意识教育是新时代高校思想政治工作的重要内容。高校要加强社会主义核心价值观教育、爱国主义教育、民族团结教育，特别是铸牢中华民族共同体意识教育，增强各族大学生对中华民族共同体格局的自觉认知、对中华民族共同体的认同，进而铸牢中华民族共同体意识。在高校开展铸牢中华民族共同体意识教育，有利于巩固民族团结的良好局面，推动形成人人自觉维护民族团结、人人争做民族团结模范的良好氛围；有利于深入研究和宣传党的民族理论和民族政策，形成一大批高质量的实践成果，推动新时代高校党的民族工作高质量发展。

① 许晓东，杜志章．高校要加强铸牢中华民族共同体意识教育［N］．中国民族报，2022-06-07（05）．

第3章　高校铸牢中华民族共同体意识教育的现状探析

为深入了解当前高校开展铸牢中华民族共同体意识教育的现状，本研究通过问卷调查、座谈交流、实地走访、查阅资料等不同形式，对石河子大学（简称S大学）、塔里木大学（简称T大学）、新疆政法学院（简称X大学）等高校进行了调研，掌握了第一手数据。本章综合使用SPSS和EXCEL等软件对所采集的数据进行统计和分析，力求深入探析当前高校开展铸牢中华民族共同体意识教育的现状。

3.1　调研的基本情况

3.1.1　抽样

本研究以S大学、T大学、X大学等高校为样本点，随机抽样选取三所大学的学生为研究对象。主要基于如下考虑：

S 大学为国家“211 工程”重点建设高校、部省合建高校和国家“双一流”建设高校，现有 11 大学科门类、99 个本科专业，有在校学生 32000 余人，其中普通本科生 22000 余人，硕士、博士研究生 8000 余人，少数民族学生占比 12%左右。S 大学于 2021 年被命名为第九批全国民族团结进步示范单位，其办学影响力和思想政治教育水平在全国高校中具有一定的代表性，对其铸牢中华民族共同体意识教育现状的调查和分析具有理论和实践的双重价值。T 大学一直扎根多民族地区办学，现为省部共建高校，有本科专业 92 个、在校生 30000 余人，2021 年被命名为第八批全国民族团结进步示范单位，其中少数民族学生占比为 35%左右。X 大学是一所新建普通高等院校，有在校生 10000 余人、本科专业 27 个，少数民族学生占比 30%左右，地处多民族地区办学，坚持以铸牢中华民族共同体意识为主线，大力开展民族团结进步创建工作，取得了较好成效。

以上述三所高校为研究样本，一方面体现了研究对象的多元化、研究数据的综合化，另一方面使得研究对象更具广泛性、研究成果更具代表性，所提出的对策和建议更具实用性，从而为新时代高校加强铸牢中华民族共同体意识教育提供可复制的经验借鉴。

3.1.2　调研过程

调研采用“线上与线下”相结合的方式进行。通过“线上”的方式开展问卷调查，通过“线下”的方式进行座谈交流。共有1260名学生参与问卷调查，其中有效问卷1260份，有效率为100%。同时，通过面谈、电话等方式与20名思政工作者和60名学生进行了访谈交流，对当前高校开展铸牢中华民族共同体意识教育情况进行了更为深入的了解。从整体上来看，调查范围较广，所占比例较为均衡，提高了调查的信度和效度。

3.1.3 样本基本情况

为了保证样本的全面性和代表性，问卷调查特别注意选取了来自不同专业、不同年级，不同性别、不同民族和政治面貌的学生，参与问卷调查的学生基本信息情况如下表：

表3-1 调查对象基本信息

类别	分类	频数	百分比（%）
性别	男	793	62.94%
	女	467	37.06%
民族	汉族	856	67.94%
	少数民族	404	32.06%
专业	文史类	203	16.11%
	理工类	439	34.84%
	经法类	196	15.56%
	农医类	422	33.49%
政治面貌	中共党员	320	25.40%
	共青团员	877	69.60%
	群众	63	5.00%

续表

类别	分类	频数	百分比（%）
年级	本一	279	22.14%
	本二	337	26.75%
	本三	218	17.30%
	本四	89	7.06%
	本五	36	2.86%
	硕一	179	14.21%
	硕二	108	8.57%
	硕三	14	1.11%

参与问卷调查的学生来自三所高校本科一年级至本科五年级（医学专业）和硕士研究生一至三年级。通过上表可知，参与本次调查的 1260 名学生中，男生 793 人、占比 62.94%，女生 467 人、占比 37.06%；汉族学生 856 人、占比 67.94%，少数民族学生 404 人、占比 32.06%；中共党员（含中共预备党员）320 人、占比 25.40%，共青团员 877 人、占比 69.60%，群众 63 人、占比 5.00%；文史类学生 203 人、占比 16.11%，理工类学生 439 人、占比 34.84%，经法类学生 196 人、占比 15.56%，农医类学生 422 人、占比 33.49%。本科生和硕士研究生各年级学生人数分别为：本科一年级 279 人、占比 22.14%，本科二年级 337 人、占比 26.75%，本科三年级 218 人、占比 17.30%，本科四年级 89 人、占比 7.06%，本科五年级 36 人、占比 2.86%；硕士研究生一年级 179 人、占比

14.21%，硕士研究生二年级108人、占比8.57%，硕士研究生三年级14人，占比1.11%。通过数据分析，参与调查的学生具有广泛性和代表性。

3.2 高校铸牢中华民族共同体意识教育取得的成效

3.2.1 党的领导体制机制更加完善

办好中国的事情，关键在党。中国特色社会主义最本质的特征是中国共产党的领导，中国特色社会主义制度的最大优势是中国共产党的领导。加强和完善党的领导是贯彻落实新时代党的教育方针、铸牢中华民族共同体意识的根本政治保证。高校坚持以习近平新时代中国特色社会主义思想为指导，深入学习贯彻习近平总书记关于加强和改进民族工作的重要思想，坚持党对教育事业的领导，牢记立德树人根本任务，坚守为党育人、为国育才初心，坚持把铸牢中华民族共同体意识作为各项工作的主线，充分发挥党委把方向、管大局、保落实的领导作用，把党的领导贯穿铸牢中华民族共同体意识教育的全过程、各方位。S大学党委认真履行主体责任，牢记“国之大者”，形成了党委统一领导，统战部门牵头协调，宣传、学工、共青团等相关部门分工负责，各单位协同合作，学院积极落实，全校师生共同参与的新时代党的民族工作格局，形成育人共同体，切实将铸牢中华民族共同体意识教育贯穿立德树人的各个环节。T 大学成立以学校党委书记任组长，各部门多方联动、各负其责的工作机构，探索构建了党委统一领导、统战部门牵头协调、相关部门履职尽责、各基层单位通力合作、全校师生共同参与的常态化民族工作格局。X 大学把党的领导贯穿于铸牢中华民族共同体意识工作的全过程、各方面，将铸牢中华民族共同体意识教育纳入学校党委年度工作要点，定期研究并作出安排部署；完善日常考核机制，将铸牢中华民族共同体意识相关工作纳入定期开展的校内专项巡查、专项督查工作中，并将巡查、督查结果作为各级领导班子和领导干部考核的重要内容。

3.2.2　教育体系更加完备

高校坚持把铸牢中华民族共同体意识教育纳入各级各类培训，融入课堂教育，切实引导各族学生牢固树立“三个离不开”思想，不断增强“五个认同”，扣好人生的第一粒扣子。具体举措包括以下几个方面：一是将铸牢中华民族共同体意识作为大学生党课、团课和干部教师培训的必修课；二是各级党组织坚持把铸牢中华民族共同体意识列入年度理论学习的重要内容，依托理论学习中心组、专题培训班、党支部“三会一课”等形式，广泛开展铸牢中华民族共同体意识学习教育；三是成立学校铸牢中华民族共同体意识宣讲团，邀请学校党政领导、相关领域专家学者、马克思主义学院骨干教师等作为铸牢中华民族共同体意识宣讲团主要成员，依托主题党日、主题团日、主题班会、新生入学教育、干部教育培训等，针对受众特点，面向各族师生开展宣讲，将铸牢中华民族共同体意识教育向基层延伸，让宣讲工作扎扎实实出效出彩；四是在严格落实国家课程标准的基础上，从本地本校实际出发，着力探索构建系统有效的铸牢中华民族共同体意识教育体系。S 大学大力推进思政课程改革和课程思政建设，通过设立思政专项课题、教育教学改革课题，坚持把铸牢中华民族共同体意识教育融入思政课程和课程思政，结合当地特色，将地方史作为必修课程，已经形成了由 5 门思政课和 23 门各学科专业课打造的 28 个中华民族共同体意识相关专题。X 大学积极探索构建铸牢中华民族共同体意识教育课程协同体系，充分发挥思政课的政治引导功能和专业课的隐性育人功能，以课堂教学和实践教学为双轮驱动，从“理论+实践”双重维度重点对铸牢中华民族共同体意识教育课程体系构建、教学模式创新、教育教学研究等进行有益探索和实践强化。T 大学坚持把铸牢中华民族共同体意识作为新生入学教育的必学课程，设置专题，选聘校院领导、党政干部、优秀辅导员和专业教师作为授课师资，每年为 9000 余名学生开展铸牢中华民族共同体意识教育；同时，将铸牢中华民族共同体意识教育作为学生党员、团员培训的必学内容，依托入党积极分子培训班、青年马克思主义工程培训班等，组织广大团学骨干深入学习习近平总书记关于加强和改进民族工作的重要思想，学习党的二十大精神，学习新时代党的治疆方略、新时代党的治藏方略，了解新时代党的民族工作取得的伟大成就，感受新中国发展建设的沧桑巨变，不断铸牢各族学生的中国心、中国魂。

3.2.3　平台建设更加坚实

高校大力加强铸牢中华民族共同体意识基地建设，着力深化铸牢中华民族共同体意识的理论研究和实践探索。2023 年 S 大学成功入选国家民委中华民族共同体研究基地（2024—2026 年周期）名单。该研究基地致力于边疆各民族共同守卫建设祖国边防、中国式现代化边疆实践、边疆各民族交往交流交融历史与现状等研究，在中华民族共同体意识研究方面取得显著成效。2021 年 T 大学成立铸牢中华民族共同体意识研究院。学校充分发挥省级铸牢中华民族共同体意识研究基地的特殊作用，以研究院为依托，紧紧围绕如何铸牢中华民族共同体意识、怎样推进中华民族共同体建设、完整准确全面贯彻新时代党的治疆方略等任务深入开展理论和实践研究，形成了一批重要的成果。X 大学以创建省级铸牢中华民族共同体意识教育实践基地为契机，以“石榴籽紧抱 团结花常开”为主题，有形、有感、有效开展铸牢中华民族共同体意识教育；制定实施方案，落实“抓组织保障、抓队伍建设、抓课堂教学、抓教育氛围、抓教育实践、抓示范辐射”等六个方面的任务要求，探索出“突出党建引领，落实党委主体责任；突出队伍建设，办好人民满意教育；突出课堂教学，强化思想政治引领；突出宣传教育，营造民族团结氛围；突出校园文化，构筑共有精神家园；突出示范辐射，推动交往交流交融”的创建路径，现已建设成为守护各民族优秀文化“涵养源”、培育各民族绿色人才“资源库”、建设各民族共同繁荣发展“服务站”，打造形成了诸多铸牢中华民族共同体意识教育的特色和亮点。

3.2.4 师生交往交流交融更加深入

高校全面深化各族学生交往交流交融的活动机制，以“民族一家亲”联谊活动为载体，开展了丰富多彩的融情交流活动，构建互嵌式的教育管理模式，促进了各民族学生的广泛交往、全面交流、深度交融。S大学坚持各项工作往实里抓、往细里做，做到有形、有感、有效，通过实施中华优秀传统文化传承工程，开展“青春建功新时代”“民族团结心向党”等多项主题实践活动，举办“读好书，寻益友，品书香，结亲朋”专场读书报告会、“相亲相爱一家人”民族服饰展、“亲情，我和我的家人风采”照片秀、“我与结对老师的故事”征文比赛等形式多样的校园文化活动，让各族学生在读书中加强交流，在讲述结亲故事中增进情感，留住了一个个感人的瞬间，让中华文化浸润广大学生的心灵，不断巩固中华民族共同体思想基础。T大学以暑期“三下乡”社会实践活动为载体，精心打造了“红色之旅”爱国主义教育、“橘色之旅”爱校荣校教育、“蓝色之旅”专业认同教育、“绿色之旅”胡杨精神教育等品牌活动，组织各族学生到街道社区、厂矿企业、学校医院、田间地头等开展社会服务，开展民族团结宣传，实现了民族团结进步教育与爱国主义教育、胡杨精神教育、专业素质教育的有机融合，激励各族学生在基层实践中增长专业技能、锤炼毅力品格，增强奉献边疆的责任感和使命感。X 大学以交流、培养、融情为主线，全面实行民汉学生混合编班、混合教学、混合寝居，打造互嵌式的校园环境，使各族学生学习在一起、生活在一起、成长在一起，互相学习、互相帮助、互相尊重，加深了了解，增进了感情，形成了“你中有我，我中有你，谁也离不开谁”的生动局面，中华民族共同体意识更加牢固，各族学生像石榴籽一样紧紧抱在一起。

3.2.5　民族团结进步创建成效更加显著

高校认真贯彻落实中共中央办公厅、国务院办公厅印发的《关于全面深入持久开展民族团结进步创建工作铸牢中华民族共同体意识的意见》，坚持把民族团结进步教育作为基础性工作来抓，加强组织领导，坚持高位推动，成立民族团结进步创建工作领导小组，实施“一把手”工程，党委书记任组长，把创建工作纳入年度目标考核范围，形成党委统一领导、党政齐抓共管、统战部门组织协调、有关部门各负其责、全社会共同参与的创建工作格局。近年来，高校民族团结进步教育事业取得长足进步，民族团结意识更加深入人心，民族团结氛围更加浓厚。如，T 大学被命名为第八批全国民族团结进步示范单位，2 个学院分别被命名为第六批、第十批全国民族团结进步示范单位，另有 11 个学院（部门）被命名为省级民族团结进步示范单位。S大学坚持以党的全面领导为统领，坚持以深化教育内涵为重点，丰富民族团结进步创建形式；坚持以立德树人为根本任务，加强各族师生交往交流交融；坚持以服务脱贫攻坚为己任，构建“三位一体”帮扶模式；坚持以示范创建为导向，开启新时代高校民族团结进步创建新局面；建立十个民族团结教育基地，组建百人师生民族团结教育宣讲队伍，选树千名民族团结先进典型，充分发挥示范带动作用，开展“我身边的民族团结故事”“民族团结 从我先行”等系列主题宣传教育活动，形成了人人践行民族团结、人人维护民族团结、人人争做民族团结模范的生动局面。学校被命名为第九批全国民族团结进步示范单位，2个学院分别被命名为第十批、第十一批全国民族团结进步示范单位，另有16个学院（部门）被命名为省级民族团结进步示范单位，2人荣获“全国民族团结进步模范个人”称号。同时，共计80余名集体（个人）荣获省级民族团结进步模范集体（个人）等荣誉称号。

3.2.6　意识形态领域阵地更加牢固

高校牢牢把握铸牢中华民族共同体意识这一主线，持续开展铸牢中华民族共同体意识宣传教育，维护高校意识形态领域安全，旗帜鲜明反对分裂国家图谋、破坏民族团结的言行，筑牢民族团结、社会稳定、国家统一的铜墙铁壁，有针对性地批驳各种不实舆论、有害言论，巩固和发展安定团结的政治局面，促进各民族像石榴籽一样紧紧抱在一起，为实现中华民族伟大复兴中国梦凝聚强大正能量。S 大学高度重视意识形态阵地建设，压实意识形态工作主体责任，正确区分政治原则、思想认识、学术观点，旗帜鲜明反对历史虚无主义、民族分裂主义、宗教极端主义；常态化开展马克思主义“五观”和“五个认同”宣传教育，每个学期集中开展“石榴花开大讲堂”专题培训，设置 32 个学时，全覆盖式对全校各族学生进行理论辅导和实践锻炼，在各族学生心中种下了民族团结的种子，夯实了各族学生铸牢中华民族共同体意识的思想根基和行动自觉。T 大学持续深入开展民族团结进步宣传教育，引导各族青年学生维护民族团结、践行民族团结，自觉防范和抵御宗教向校园传播，并通过网络、宣传栏、电子屏等不同媒介大力宣传新中国成立以来民族团结进步事业取得的巨大成就，多渠道讲好中国故事，筑牢了各族学生维护国家统一和增进民族团结的钢铁长城。X 大学党委树牢强烈的责任意识和底线意识，制定了意识形态工作责任制实施方案和网络意识形态工作责任制实施办法等制度，制定学校领导意识形态工作任务清单；成立统一战线工作领导小组、预防和抵御境外敌对势力和宗教渗透工作领导小组，积极稳妥做好新时代新要求下的抵御宗教向校园渗透工作，坚决维护校园民族宗教领域意识形态安全。

3.3 高校铸牢中华民族共同体意识教育存在的主要问题

3.3.1 学生认知存在偏差

(1) 对铸牢中华民族共同体意识的内涵了解不深入

在问及“您了解‘中华民族共同体意识’的内涵吗”这一问题时，统计结果显示（图 3-1），20.18%的学生认为“非常了解”，30.33%的学生认为自己只是“比较了解”，45.67%的学生只是“一般了解”，还有 3.82%的学生表示“不了解”。

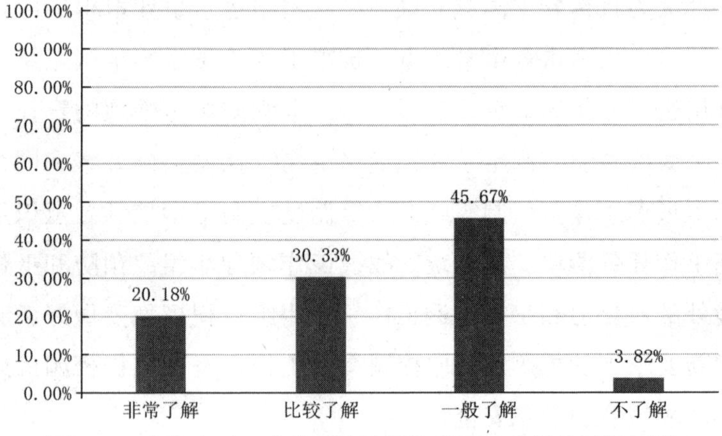

图 3-1　大学生对“中华民族共同体意识”内涵的了解情况

在访谈中有部分学生谈到，自己对中华民族共同体方面的知识内容比较感兴趣，因此就自学了很多内容，对中华民族共同体的内涵比较了解；有部分学生提到，自己只是在参加讲座或者课堂上听老师提到过“中华民族共同体”这个词语，仅仅了解“中华民族共同体”的字面意思，对这个词语的深层含义还是不了解；也有学生提到，铸牢中华民族共同体意识应该是少数民族学生的事情，与汉族学生无关。由此可见，多数大学生对中华民族共同体内涵的认知度较低，对铸牢中华民族共同体意识的理解“简单化”“狭隘化”，或仅限于简单的字面表达，是一个表象的感知，不理解其深层内涵，或是仅仅理解部分内涵，但不知其所源。

（2）对铸牢中华民族共同体意识的重要性认识不深刻

在问及“您认为我国各民族发展与国家命运是息息相关的吗”这一问题时，数据结果显示（图 3-2），65. 68%的学生认为“完全相关”，21. 25%的学生认为“相关”，10. 33%的学生认为“不太相关”，还有 2. 74%的学生认为“根本不相关”。

在访谈中了解到，多数大学生对铸牢中华民族共同体意识的重要作用有着清醒认识，能充分认识高校开展铸牢中华民族共同体意识教育的重要意义，做到时刻维护民族团结、践行民族团结；但也有少部分大学生对高校开展铸牢中华民族共同体意识教育的深刻内涵和重要性认识不足，对中华民族多元一体的认识比较模糊，认为铸牢中华民族共同体意识与国家命运没有关系，特别是部分大学生有着较强的本民族意识，更多是关注本民族的发展。

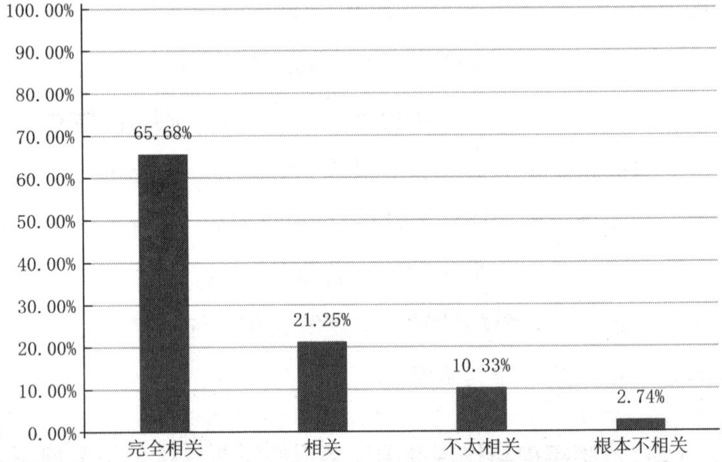

图 3-2　大学生认为我国各民族发展与国家命运相关程度的情况

3.3.2　课堂教学讲授不足

(1) 思政课中有关铸牢中华民族共同体意识教育的内容不够丰富

根据“您上过的思政课中是否有讲授中华民族共同体意识的内容”这一问题的统计结果（图 3-3），仅有 30.65%的学生认为思政课中能够“经常讲授”中华民族共同体意识的相关内容，而 48.39%的学生选择了“偶尔讲授”，另有 11.75%的学生选择了“没有讲授”。

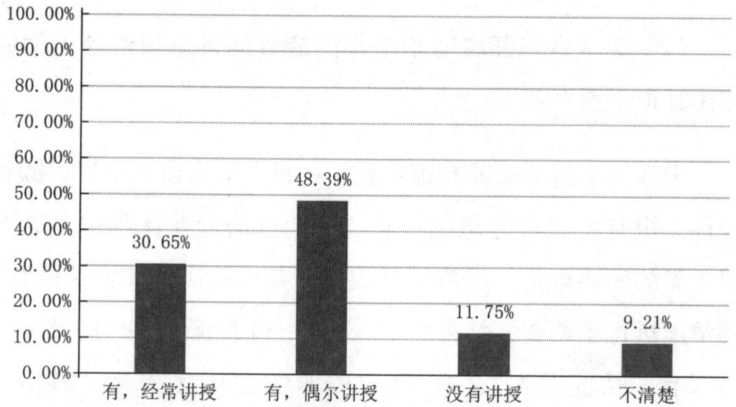

图 3-3　思政课教师讲授中华民族共同体意识内容的情况

在与学生的访谈中了解到，在学校开设的民族团结教育课程中，部分思政课教师会多层次、多角度讲授中华民族共同体的概念、内涵以及历史脉络，也讲到了党的民族政策、民族理论等内容，但也有部分思政课教师在课堂教学中讲解有关铸牢中华民族共同体意识的知识，仅仅是作为课堂知识的一个支撑素材，往往是泛泛而谈，一带而过，不够深入、细致；还有一些思政课教师在授课过程中基本没有讲授有关铸牢中华民族共同体意识方面的知识内容。在访谈中，有部分思政老师谈到，由于讲授中华民族共同体意识方面的内容，需要同时具备较为丰富的民族学、社会学、政治学等多学科的知识，而自己的学科知识不够多样化，因此在课堂教学过程中就很少或者没有融入铸牢中华民族共同体意识方面的相关知识内容。

(2) 专业课在开展铸牢中华民族共同体意识教育方面的作用发挥不够有效

为深入了解专业课教师在教学过程中引入铸牢中华民族共同体意识有关元素的情况，对“您上过的专业课程中是否有引入党的民族理论、民族团结故事、各民族风俗知识等内容”的情况进行了调查，结果显示（图 3-4），有 5.65%的学生认为“有，经常引入”，有 12.66%的学生认为“有，偶尔引入”，而 60.28%的学生选择了“没有引入”，还有 21.41%的学生选择了“不清楚”。由此可以看出，大多数的专业课教师在课堂教学中没有提及或引入有关铸牢中华民族共同体意识教育的相关内容，“其他各门课都要守好一段渠、种好责任田，使各类课程与思想政治理论课同向同行，形成协同效应”还有待加强。

在访谈中，有专业课教师谈到，由于平时关注时政新闻、社会发展等方面的信息较少，仅是擅长讲授专业知识，很难将所讲授的专业课知识与铸牢中华民族共同体意识的有关内容结合起来，或者找不到合适的素材，讲解的时候比较生硬；也有学生反映，专业课教师很少结合课程内容，将党的民族理论、党的民族团结进步事业取得的伟大成就等内容引入课堂教学，而是就知识讲知识。这表明，专业课教学在开展铸牢中华民族共同体意识教育方面的作用还没有发挥出来，高校“课程思政”建设目标还需进一步聚焦，建设力度还需进一步加强。

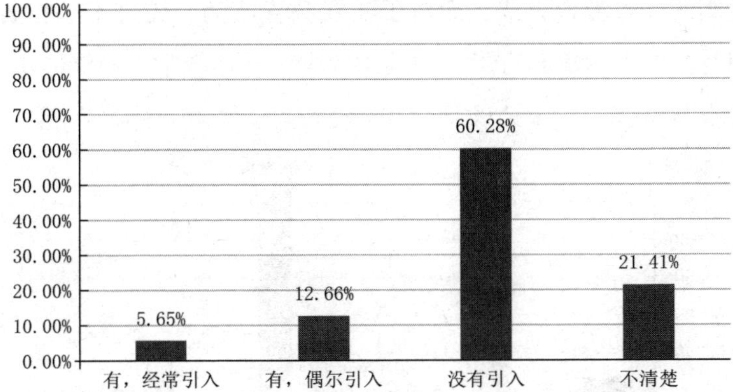

图 3-4　专业课中引入党的民族理论、民族团结故事、各民族风俗知识的情况

3.3.3　教育方式较为单一

(1) 重理论、轻实践

多样的教育方式、丰富的教育手段能激发学生兴趣，增强铸牢中华民族共同体意识教育的效果。在问及“您所在的学校开展铸牢中华民族共同体意识教育的主要方式是什么”这一问题时，调查结果显示（图 3-5），93.36%的学生选择“课堂教学”、60.90%的学生选择“校园文化活动”、45.18%的学生选择“先进事迹报告”、43.55%的学生选择“实践教育活动”、40.26%的学生选择“网络新媒体”、30.23%的学生选择“观看主题电影”。从数据可以看出，当前高校开展铸牢中华

民族共同体意识教育的方式手段还比较单一，课堂教学是高校运用的主要教育方式，而对于实践教育活动、先进事迹报告、观看主题电影等教育形式则运用较少，理论教学与实践体悟结合不紧密。

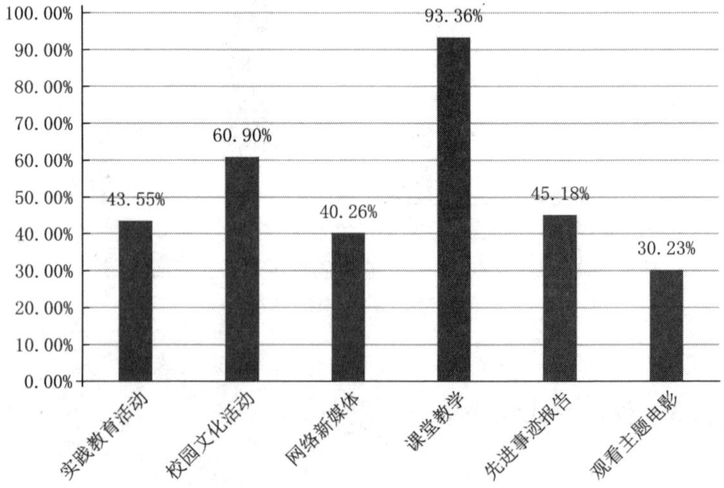

图 3-5　高校开展铸牢中华民族共同体意识教育的主要方式

在访谈中有部分学生提到，学校较少开展与铸牢中华民族共同体意识教育相关的实践活动，思政课教师更多的是在课堂教学中讲授一些党的民族理论和民族政策、民族团结进步模范人物事迹等内容，很少甚至没有组织学生到红色场馆、民族团结进步教育基地等开展场所实践活动，没有将理论教学与实践体悟结合起来。有思政课教师谈到，日常教学时间紧张，开展铸牢中华民族共同体意识教育实践活动的时间不足，加之外出存在安全隐患且经费缺乏，没有开展过实践教学。

（2）教育形式不够贴近学生实际

根据“学校开展民族团结进步教育，您更喜欢什么样的形式”问卷统计结果（图 3-6），大学生最为喜欢的四种教育形式依次为：校园文化活动（88.63%）、观看主题电影（83.25%）、网络新媒体（75.26%）、实践教育活动（70.33%）。这些教育形式不但具有趣味性和思想性，也更符合大学生的心理期待和成长需求。特别是，网络新媒体具有方便、灵活、快捷的特点，深受大学生喜爱，高校应将网络新媒体应用到铸牢中华民族共同体意识教育全过程。因此，高校开展铸牢中华民族共同体意识教育，要充分把握大学生的心理特

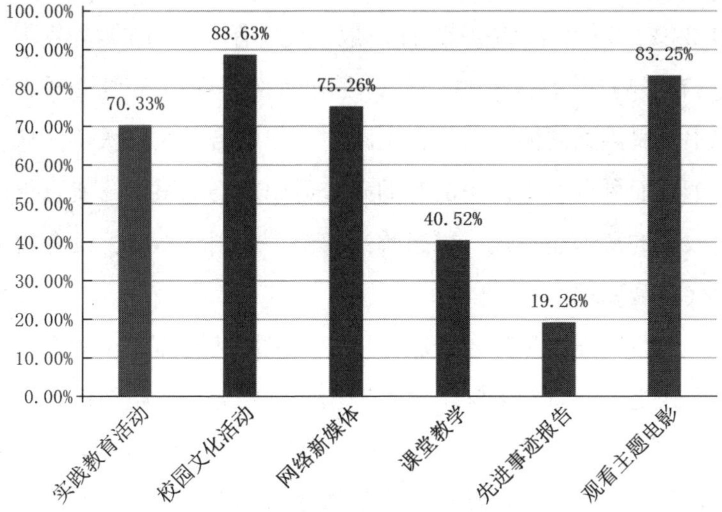

图 3-6　大学生所喜爱的高校开展民族团结进步教育形式的情况

征，更多运用大学生喜爱的体验式、沉浸式教育活动，只有这样，才能达到更好的教育效果。

（3）忽视了网络新媒体的优势功能

对网络新媒体的运用不足，是高校开展铸牢中华民族共同体意识教育的一项短板。如图 3-5 所示，仅有 40. 26%的学生认为高校运用了“网络新媒体”开展铸牢中华民族共同体意识教育。为进一步了解网络新媒体在高校开展铸牢中华民族共同体意识教育过程中的作用，本研究从“网络新媒体对高校开展铸牢中华民族共同体意识教育的影响”这一角度对参与访谈的学生进行了调查，结果显示（图 3-7），53. 50%的学生认为“影响很大”，31. 65%的学生认为“影响较大”，仅有 10. 33%的学生认为“影响一般”，另有 4. 52%的学生认为“没有影响”。数据表明，大学生对网络新媒体在高校开展铸牢中华民族共同体意识教育实践中的作用给予充分认可。从另一个方面可以看出，当前有的高校运用网络新媒体开展思想政治教育的意识还不强，思想政治教育手段创新不够，没有跟上时代发展要求。

网络新媒体是高校开展铸牢中华民族共同体意识教育的重要方式之一。青年大学生是上网用网的主力军，是网络生态的“塑造者”，是网络的“原住民”。谁赢得了互联网，谁就赢得了青年。高校要更加重视网络思想政治教育，发挥好网络新媒体的优势功能，不断拓展铸牢中华民族共同体意识教育的新阵地，打造网络育人的新格局。

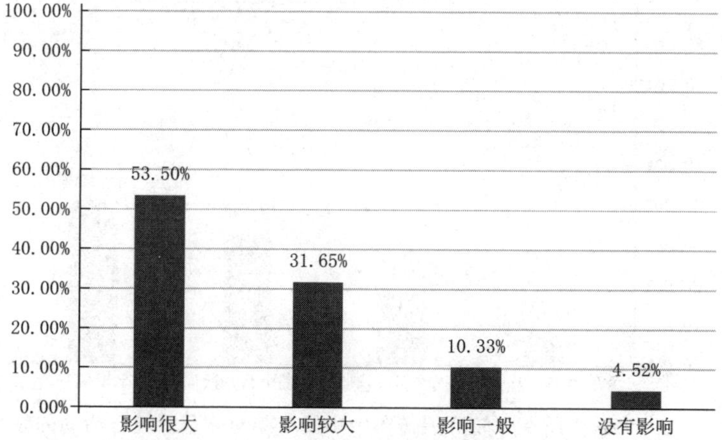

图 3-7　大学生关于网络新媒体对高校开展铸牢中华民族共同体意识教育的影响的情况

3.3.4　宣教氛围不够浓厚

（1）主题教育活动开展不足

根据“您所在的学院开展铸牢中华民族共同体意识教育活动的频次”这一问题统计结果，仅有 8.55% 的学生选择“一个月一次”，18.36% 的学生选择“两个月一次”，而 32.25%的学生选择“三个月一次”，40.84%的学生选择“一个学期一次”（图 3-8）。以上数据表明，学院作为开展铸牢中华民族共同体意识教育的责任主体，在开展铸牢中华民族共同体意识教育相关教育活动方面的力度不大、数量不足，没有满足学生参加活动的需要。

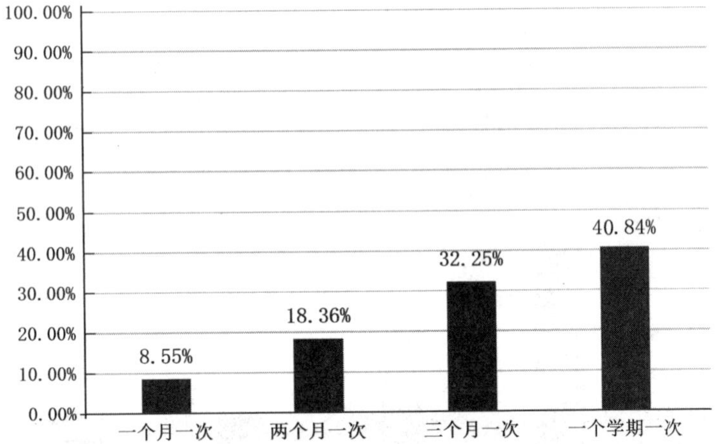

图 3-8　大学生所在学院开展铸牢中华民族共同体意识教育活动的频次

在访谈中有学生反映，学校和学院都会组织“民族团结一家亲”活动，形式也比较多样，但每次都是班级中比较活跃的那部分学生参加；有辅导员指出，由于学院辅导员没有配齐，自己带了近 400 名学生，大量的时间用于处理学生日常事务，开展思政教育活动的时间十分有限；也有辅导员谈到，由于学校层面没有明确每个学期开展民族团结主题活动的次数，因此自己在工作中也就没有制定相关的活动计划。高校是开展铸牢中华民族共同体意识教育的重要阵地，只有常态化、多频次开展宣传教育活动，营造浓厚的环境氛围，才能使中华民族共同体意识在各民族学生心中落地生根、开花结果。

(2) 宣传教育力度有待增强

在问及“您在校园经常看到（听到）有关党的民族政策、

民族理论、民族团结进步模范人物事迹等方面的宣传吗”这一问题时，调查结果显示（图 3-9），仅有 28.65%的学生表示“经常看到（听到）”，而 42.63%的学生只是“偶尔看到（听到）”，还有 23.72%的学生表示自己“很少看到（听到）”。

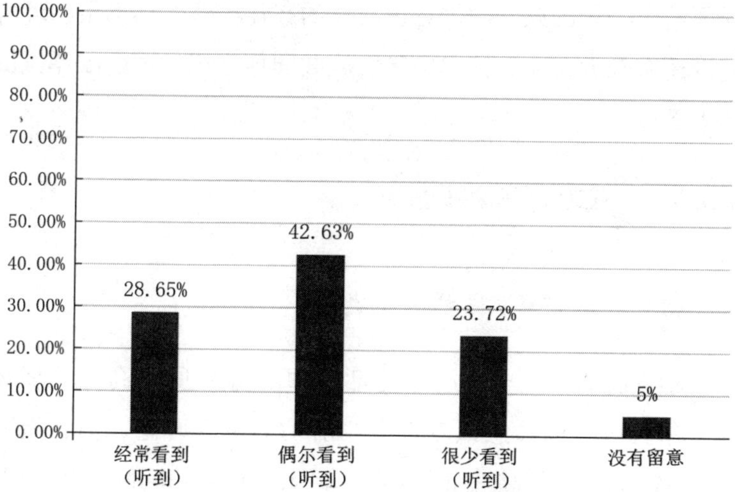

图 3-9　大学生在校园看到（听到）有关党的民族政策、民族理论、民族团结进步模范人物事迹等方面的宣传情况

在与学生的交谈中了解到，有的高校宣传橱窗数量不足，橱窗中没有设置有关铸牢中华民族共同体意识教育的内容；有的高校铸牢中华民族共同体意识教育的宣传标语，或者反映民族团结主题的雕像的位置比较偏僻；有的高校校园广播停播，报纸、期刊等传统媒体中较少见到有铸牢中华民族共同体意识教育方面的内容。也有部分学生反映，学校的网站、微信公众

号等网络平台没有开设铸牢中华民族共同体意识教育专栏，有关党的民族政策和民族理论知识、民族团结进步模范人物事迹的宣传内容也不多，现有的内容对相关知识也缺乏深入解读和生动阐释，许多时候其内容吸引力不足而导致学生不会仔细阅读，有的学生甚至仅仅是浏览一下标题而已。这表明，高校对开展铸牢中华民族共同体意识教育的宣传载体运用不足，环境建设还有较大缺失，铸牢中华民族共同体意识教育的浓厚氛围还未形成。

3.3.5 实践教育阵地缺乏

(1) 校内教育实践活动场地不足

学术报告厅、会堂、学生活动中心等场所是高校开展铸牢中华民族共同体意识教育实践活动的重要阵地，但在调研中了解到，部分高校的实践活动场地存在短缺。当问及“您所在的高校开展铸牢中华民族共同体意识教育的活动场所充足吗”这一问题时，统计结果显示（图 3-10），9.13%的学生选择“很充足”，16.59%的学生选择“充足”，40.56%的学生选择“勉强够用”，33.72%的学生选择“不够使用”。数据结果表明，将近 75%的学生认为所在学校不能够提供充足的开展铸牢中华民族共同体意识教育实践活动的场地。

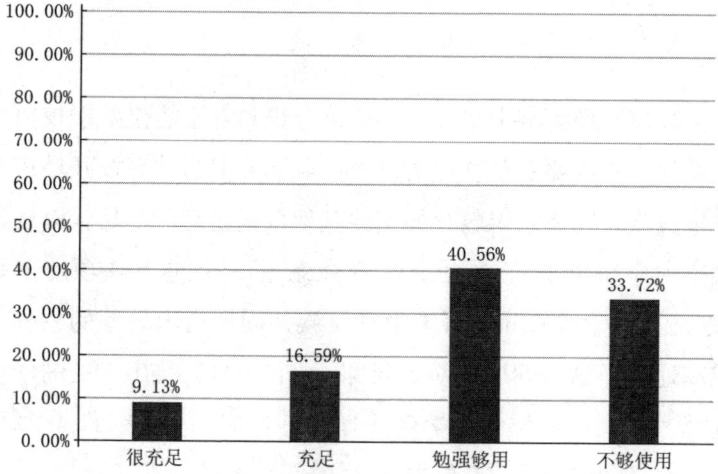

图 3-10　学生认为高校提供开展铸牢中华民族共同体意识教育活动场所的情况

在访谈中部分学生谈到，学校可用于开展铸牢中华民族共同体意识教育实践活动的室内场所较少，而且需要排队使用，周期比较长，从策划活动到组织完成一般需要一个月左右的时间；也有部分学生谈到，学校缺少多功能活动场所，现有的一些场地不具备声、光、电等功效，许多有关铸牢中华民族共同体意识教育的活动无法开展。一些思政工作者指出，开展有关铸牢中华民族共同体意识教育的校园文化活动，需要灯光、舞美、网络等多种设施，学校多数场地不具备这些功能，因此需要向社会租用，但是费用高昂，难以承受。

(2) 校外实践基地需要不断拓展

高校开展铸牢中华民族共同体意识教育不能仅限于校内课堂教学，更需要实践基地的助力和赋能。但当前高校开展铸牢中华民族共同体意识教育的实践基地数量还有所不足，对构建铸牢中华民族共同体意识教育体系是一个重大缺项。依据“您所在的学校有开展铸牢中华民族共同体意识教育的校外实践基地吗”这一问题的统计结果（图 3-11），50.79%的学生选择“有”，13.65%的学生选择“好像有”，而有 11.90%的学生选择“没有”，还有 23.66%的学生选择“不了解”。

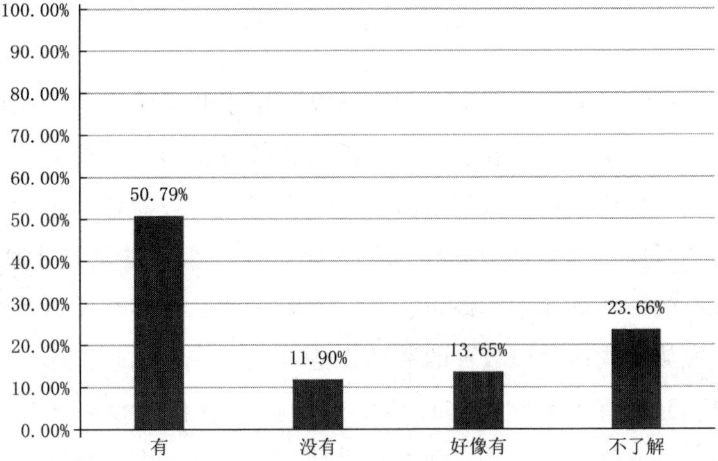

图 3-11　学生对高校开展铸牢中华民族共同体意识教育校外实践基地建设的了解情况

在与思政工作者的访谈中了解到，高校开展铸牢中华民族共同体意识教育的校外实践基地比较缺乏，许多教育活动主要在校内开展，亟须与校外相关部门单位开展合作交流，不断拓展铸牢中华民族共同体意识教育的实践载体。因此，高校要不断加大与实践基地、博物馆、纪念馆等的合作交流力度，进一步拓展思政教育社会实践平台，凝聚开展铸牢中华民族共同体意识教育的强大力量。

第 4 章　高校铸牢中华民族共同体意识教育问题的归因分析

分析当前高校铸牢中华民族共同体意识教育问题的根源，主要表现在组织领导不够有力、课程建设有待加强、学生思想呈现新特质、校园环境建设不充分、思政队伍建设存在短板、多元文化对主流价值观的对冲和消解等方面。本章通过剖析当前高校铸牢中华民族共同体意识教育问题的深层次原因，为下一步构建新时代高校加强铸牢中华民族共同体意识教育的实践路径打下坚实基础。

4.1　多元文化对主流价值观的对冲和消解

4.1.1　西方文化入侵

以美国为首的西方国家从未停止对我国进行意识形态输出，企图达到“西化”“分化”我们的目的，文化侵略是他们的重要手段。西方国家的文化侵略，使我国的文化和价值观受到了极大的挑战和威胁，对我国文化自信造成了严重的损害。当代部分青年大学生，在接受了外来文化之后，道德观念和价值理念有了明显转变，喜欢过西方节日，乐于感受西方文化，注重个人价值，忽视国家利益，将中华优秀传统文化抛之脑后。这些情形严重影响了高校铸牢中华民族共同体意识教育的效果。特别是随着全球化进程的不断深入，我国不仅面临着错综复杂的国际形势，经济社会发展也正在经历前所未有的深刻转型，社会生活的各个方面也发生了复杂而深刻的变化，这种复杂而深刻的变化影响着在校大学生的生活方式、思想观念和价值取向。特别是受国外错误思潮的影响，民粹主义、极端民族主义等观念在大学生群体中潜滋暗长，多种因素叠加到一起，冲击着各族大学生的中华民族共同体意识。

4.1.2　网络亚文化的影响

便捷高效的网络在给我们的学习、生活和工作带来便利的同时，也为中华优秀文化的传播带来了许多挑战。网络上的不良信息和层出不穷的亚文化，让心智还不成熟的大学生在面对良莠不齐的网络文化时难以辨别出真假，容易在情感和价值观识辨方面陷入迷茫，出现危机，这种现象对高校开展铸牢中华民族共同体意识教育形成了干扰和挑战。尤其是，网络上充斥着不少与铸牢中华民族共同体意识相对立的不良言论，民族团结精神被“鸡汤段子”所淹没。为了获取流量利益，一些穿越剧和网络游戏随意篡改历史人物背景，歪曲历史事实，易使大学生误读历史，陷入历史虚无主义的泥淖。当前，自媒体造谣、“网络水军”、网络戾气歪风盛行等种种不良的网络乱象，严重影响了大学生的思想和社会舆论环境，严重影响了高校铸牢中华民族共同体意识教育的外部环境。

4.2 学生思想呈现新特质

4.2.1 追求短期利益

部分大学生为了找到好工作或者考取研究生，把大部分时间用于看书学习，几乎不参加任何文化活动，图书馆、实验室是他们常去的地方，“两点一线”是他们的学习生活状态。他们虽认可开展铸牢中华民族共同体意识教育的重要意义，认为其是高校大学生思想政治教育必不可缺少的内容，但同时又认为其与自己的学习、科研、生活、就业等关系不大，唯有提升就业技能、考取资格证书才是“王道”。特别是在当前每年有超过 1000 万毕业生的巨大压力下，他们认为参加铸牢中华民族共同体意识教育活动对自己的学习、生活、就业没有任何帮助，只会占用更多的时间，唯有抓住点滴时间备战考取研究生或者考上公务员，除此之外，对其他事情不参与、不关心。

4.2.2 缺乏理性认知

当代大学生几乎都是“00 后”群体，他们自出生便享受着国家改革开放的丰收果实，国家强盛、物质丰富、社会稳定。他们生长在和平幸福的年代，没有经历过革命战争的洗礼，对今天幸福生活的来之不易认识不深，难以做到感同身受。和平优越的成长环境，导致当代大学生缺乏对中华民族"大一统"历史的深入了解，缺乏对近代以来中华民族生死相依、同仇敌忾、抵御外辱光辉历史的深刻了解，以致于部分大学生对各族人民休戚与共、荣辱与共、生死与共、命运与共的共同体理念理解不深、把握片面，对铸牢中华民族共同体意识缺乏理性认知。

4.2.3　"泛娱乐化"心理严重

受"泛娱乐化"思潮的影响，部分大学生社会责任感缺乏，追求感官刺激，崇尚娱乐文化，他们沉溺于明星偶像的生活、狂热于电子游戏的刺激、痴迷于网络影视的情节，在不知不觉中自己的中华民族共同体意识被侵蚀、社会主义核心价值观被消解。大学阶段是求学生涯中非常重要的时刻，大学生本应为了将来更好地实现个人价值和社会价值，努力学习专业知识，掌握技能本领。但"泛娱乐化"心理让大学生沉迷于娱乐和消费，要么逃课在宿舍玩游戏，要么上课时间玩手机，或者遨游网络到深夜，学习铸牢中华民族共同体意识的主动性不强，个人的价值追求和理想目标较为缺乏。"泛娱乐化"心理成为高校开展铸牢中华民族共同体意识教育的羁绊。

4.3 课程建设有待加强

4.3.1 思政课作用发挥有限

思政课的本质是讲道理。铸牢中华民族共同体意识是新时代党的民族理论与时俱进的创新发展，是马克思主义民族理论中国化的最新成果。铸牢中华民族共同体意识教育与高校思政课在思想内容和价值导向上具有高度契合性，是思政课教学的重要内容。在调研中了解到，部分思政课教师在课堂教学中融入铸牢中华民族共同体意识教育的意识不强，将党的民族理论和民族政策、爱国主义教育、民族团结进步教育等融入思政课教学的力度不大，对铸牢中华民族共同体意识的逻辑内涵、时代价值、实践要求等讲得不深、不透、不彻底，运用思政课开展铸牢中华民族共同体意识教育的效果还有待加强。

4.3.2 学科建设较为滞后

深化铸牢中华民族共同体意识理论研究与教育实践，是高校马克思主义学院的时代使命。在调研中了解到，三所高校马克思主义理论学科建设滞后，没有马克思主义理论一级学科博士点，仅 S 大学和 T 大学具有马克思主义理论一级学科硕士点；思想政治理论课还没有聚焦铸牢中华民族共同体意识这条主线，有关马克思主义民族理论、新时代党的民族理论政策等重大理论和实践问题的研究还不深入，相关成果还比较欠缺；学校对思政教育资源的开发不足，对在高等教育事业中涌现出来的民族团结进步模范人物的挖掘还不够深入，课程思政和思政课程建设中有关铸牢中华民族共同体意识的元素相对缺乏。

4.3.3　教材建设没有跟上

当前高校开设的思政课程主要有“思想道德与法治”“中国近现代史纲要”“马克思主义基本原理”“毛泽东思想和中国特色社会主义理论体系概论”“习近平新时代中国特色社会主义思想概论”等，这些课程的教材都是由中央宣传部会同教育部组织统一编写，具有高度权威性和严谨性。思政课教师仅仅是依据课程的需要，在思政课教学中融入一些铸牢中华民族共同体意识的内容进行讲授，但很难将相关知识讲深讲透。有的高校虽然编写了讲义、制作了课件用于开展铸牢中华民族共同体意识教育教学，但因缺乏系统化的理论支持，所编写的讲义内容缺乏深度和广度，只是停留在知识点梳理和堆积阶段，传递给学生的知识内容是零散的、碎片化的，因此学生的获得感不高。

4.3.4　考核评价体系不够健全

（1）考核制度不健全

铸牢中华民族共同体意识教育是一项系统工程，涉及学校事业发展的方方面面，需要学校领导、党政干部、思政工作者、后勤工作人员等全校师生的共同参与。在实地调研和访谈交流中了解到，当前高校铸牢中华民族共同体意识教育的考核制度还不完善，不同部门和群体人员的工作职责比较模糊，没有设计可量化的指标体系，工作责任压得不实，还没建立对学校领导、党政干部、行政人员、专业教师、教辅和后勤人员的考核制度。

（2）激励制度不健全

高校课程思政建设正在探索推进之中，当前部分教师还不同程度存在着对课程思政建设认识不深、思路不清、能力不足、动力缺乏等现象。加之，铸牢中华民族共同体意识的逻辑性强、理论性强，需要丰富的历史、哲学、民族学、社会学等方面知识，将铸牢中华民族共同体意识教育融入专业课教学之中，有针对性地进行教学设计和实践，需要专业课教师付出大量时间和精力。因此，高校需要加强顶层设计，完善对开展课程思政建设教师的激励制度。

（3）评价制度不健全

在调研和访谈中了解到，当前部分高校还没建立铸牢中华民族共同体意识教育效果评价制度。评价制度的缺乏一方面影响思政课教师的教学质量，思政课教师在开展相关教学时缺乏具体的指导要求和相应的评价标准，教师对教学内容和教学质量的把握参差不齐，同时也会出现做不做、做得好不好都一样的现象，影响了教师的积极性和能动性。另一方面，对学生的学习效果缺乏评价的标准，学校无法掌握学生的思想认识提高了多少，提高到了什么状态，铸牢中华民族共同体意识教育的质量难以保障，无法达到预期的教育效果。缺乏评价制度，容易导致学校举办主题活动或者学生参加主题活动的时候积极性不高，责任心不强，得过且过，出现“不求质量、只求数量”等形式主义的现象，导致大学生对中华民族共同体意识内涵的认识不够深刻，从而影响到了高校铸牢中华民族共同体意识教育的实效。

4.4　思政工作队伍素质能力不足

4.4.1　思政课教师质量参差不齐

部分高校的专职思政课教师配备不足，加之部分教师在攻读博士学位，导致授课教师紧缺，现有师资力量与教学任务不匹配，教学效果难言理想。为了在限定时间内实现思政课教师队伍配比达标，高校通过引进人才、转岗转任、聘用兼职教师等途径快速扩充了思政课教师队伍。随着教师数量的快速提升，思政课教师队伍建设出现质量参差不齐的问题，部分专职思政课教师由辅导员、行政管理人员和党政干部转岗而来，还有一些思政课教师则由行政人员兼任，综合学科背景、专业基础、教学经验、投入时间精力等方面的情况来看，这些教师大部分为“半道出家”，专业基础知识薄弱，教学科研能力不强，对涉及铸牢中华民族共同体意识教育的相关知识不了解，影响了铸牢中华民族共同体意识教育融入思政课的教学效果。

4.4.2 传统的教育理念根深蒂固

(1) 思政课教师习惯强制性灌输

“灌输”是思想政治教育价值实现的前提基础，是思想政治教育价值实现的最基本途径之一。传统的教育观念在大部分授课教师的头脑中占据了主导地位，不管是思政课教师，还是专业课教师都认为运用单向式的理论灌输教育方式进行课堂教学是主要方式。部分思政课教师没有分析把握大学生的学习特征和个性化需求，每一节课都是盯着电脑屏幕念 PPT，被学生戏称为“PPT 讲师”“人工传话筒”，没有与学生互动交流，没有采用网络信息技术，完全忽视了大学生的主观能动性，单一的教学方式、枯燥的授课形式让学生“抬头率低、低头率高”成为常态，久而久之，大学生就对思政课产生厌烦情绪和倦怠心理，影响了高校铸牢中华民族共同体意识教育的效果。

(2) 思政课教师不注重话语方式转化

部分思政课教师在思想政治教育的过程中，不注重话语方式的转化，不懂得用青年学生喜闻乐见的话语表达方式，惯于使用“命令式”话语，认为思政教育就是发布命令，学生必须服从，教师频繁开展政治说教，话语生硬、教条死板，缺乏人情味，没有亲和力，忽视了学生的主体性，弱化了思想政治教育的效果。部分思政课教师在课堂教学的过程中，喜欢以自我为中心，传播的信息“高大上”，没有将教材话语转化成教学话语，说出的话语不接地气，完全忽视大学生的个人体验和感受，导致学生对思政课的学习兴趣不浓、参与度不高，难以激发学生的思考和创造力。

4.4.3　部分思政工作者责任心不强

部分思政工作者（党政干部、思政课教师、学生辅导员等）对高校铸牢中华民族共同体意识教育的重要性认识不足，认为铸牢中华民族共同体意识教育是统战部、宣传部和学生工作部等个别部门的事情，与自己无关、与自己的部门无关，自己只要干好本职工作或者搞好教学科研就可以了，以致于在参加“民族团结一家亲”等主题活动的时候不同程度出现流于形式、应付差事的现象。一些思政工作者认为自己日常管理工作和教学任务繁重，没有时间去学习了解有关中华民族共同体意识的相关内容，虽然对铸牢中华民族共同体意识的知识内容是一知半解，但也不愿意再花时间和精力去系统学习铸牢中华民族共同体意识的知识，探究铸牢中华民族共同体意识的深厚内涵。一些思政工作者不重视中华民族共同体相关知识的积累和学习，对铸牢中华民族共同体意识的丰富内涵和重要价值是一知半解、模棱两可，在开展铸牢中华民族共同体意识教育教学活动时“老生常谈”“照本宣科”，能力素养与铸牢中华民族共同体意识教育的要求有着较大差距，课题研究水平有着较大提升空间。一些思政工作者满足于已有的知识内容，认为现有的知识内容可以应付得了教学任务和活动需要，缺乏学习红色文化知识的积极性、主动性。一些思政工作者的责任感不强，认为开展铸牢中华民族共同体意识教育会给自己增加许多工作，带来不少麻烦，要么对相关工作敷衍了事，要么以自己年龄大、快退休等为借口，在工作中“躺平”，把开展铸牢中华民族共同体意识教育当成一种负担。

4.5 校园文化环境建设不充分

4.5.1 物质环境建设不充分

校园物质环境是高校文化建设的重要组成部分，是一所高校的价值目标与审美意象的直接体现。当前部分高校校园有关铸牢中华民族共同体意识教育的人物雕像、文化长廊、精神标语等人文景观设置不足，校园报纸报刊、宣传橱窗、LED 屏幕以及标志性建筑物（教学楼、图书馆）的外墙、楼道等常见的物质载体中，也很少出现铸牢中华民族共同体意识教育的宣传内容，现有的一些宣传标语、人物雕像的设置不够醒目，数量也不足。有的高校校园广播栏目多以讲述大学生活、播放流行音乐为主，铸牢中华民族共同体意识教育方面的内容严重不足；有的高校校园广播已经停播，停用校园广播等同于关闭了开展铸牢中华民族共同体意识教育的一扇重要窗口。校园广播作为高校文化传播的重要物质载体，承载着开展铸牢中华民族共同体意识教育的重要作用，然而其应有的作用没有被发挥出来。

4.5.2　网络载体运用不充分

微信、微博、抖音是大学生喜爱的网络新媒体，具有传播速度快、互动性强、个性化服务、海量信息等特殊优势，是新形势下高校开展铸牢中华民族共同体意识教育的重要手段。网络新媒体已经成为青年学生了解社会、获取信息和消遣娱乐的主要渠道，已成为学生日常生活中不可或缺的组成部分，影响着学生的价值观。因此，网络新媒体是开展铸牢中华民族共同体意识教育的良好平台，建设好、维护好、使用好网络新媒体对高校开展铸牢中华民族共同体意识教育有着极为重要的作用。当前，许多高校开设了官方的微信、微博、抖音等新媒体平台，许多二级学院（部门）也开设了新媒体平台。但有的高校和二级学院（部门）依然依赖传统的宣传载体和教育手段，没有充分运用网络新媒体平台宣传党的民族理论和民族政策、民族团结进步模范人物事迹，高校铸牢中华民族共同体意识教育的途径受到了限制。

4.6 高校重视程度下降

4.6.1 抓落实的韧劲不足

铸牢中华民族共同体意识教育是一项长期的系统工程，需要绵绵用力、久久为功。在调研中了解到，高校把铸牢中华民族共同体意识教育作为重点工作进行安排部署，列入发展规划，写入工作要点，纳入考核指标，在取得阶段性成就之后，抓工作落实的韧劲开始下降、力度有所减弱、投入有所减少。部分高校在创建全国民族团结进步示范单位的过程中，制定工作方案，压实工作责任，常态化推进指导，定期开展评比交流，经过全校上下的共同努力，高校成功入选“全国民族团结进步示范单位”，取得了重大阶段性成绩。但在完成阶段性目标之后，高校巩固铸牢中华民族共同体意识教育成效的思想有所松动、劲头有所下滑，与校外铸牢中华民族共同体意识教育实践基地的合作交流明显减少，拓展新的教育实践基地的动力不足、积极性不高，各单位组织开展“民族团结一家亲”主题活动的主动性不再像以前那样高涨，教职工进班级、进宿舍、进食堂的次数也大幅减少，师生参与民族团结联谊活动的积极性也开始降低，出现形式化倾向。久而久之，结对师生的感情就会淡化、距离就会拉远，铸牢中华民族共同体意识的成效就会弱化。因此，高校要采取有效措施，加大工作力度，坚持标准不降低、韧劲不松动，确保铸牢中华民族共同体意识行稳致远，不断取得新的成绩。

4.6.2　支持保障不到位

（1）经费投入不到位

开展铸牢中华民族共同体意识教育，涉及学校各单位、各部门、各群体，点多、面广、线长，需要专项经费支持保障。在调研中了解到，高校开展铸牢中华民族共同体意识实践教学成本较高，每一个班级开展一次实践教学就需要一笔不小的经费，高校班级数量众多，学校有限的教学经费难以保证全部班级开展实践教学，加之外出实践教学存在一定的安全隐患，高校就很少到校外开展实践教学，更多的是在学校进行理论教学，因此理论教学成为高校开展铸牢中华民族共同体意识教育的主要渠道。当前由于经费限制，高校对铸牢中华民族共同体意识教育的投入不足，制约了铸牢中华民族共同体意识的基地建设、教育实践等多项工作。

（2）场地提供不到位

开展铸牢中华民族共同体意识教育需要丰富多彩的校园文化活动。为提升活动的吸引力，达到更好的效果，大学生对具有高科技功能的礼堂、活动中心、报告厅等场馆的需求量持续增加，当前多数高校正在扩大招生规模，学校现有的公共设施难以及时跟上学校发展的需要，导致学生活动场馆较为紧张；同时，由于学校把经费更多地投入学科建设，而用于学生活动场地改造升级的经费投入不足。多功能活动场馆的不足，造成场地保障与开展活动之间的供需矛盾突出，这也是制约大学生开展铸牢中华民族共同体意识教育主题活动的一个重要因素。

(3) 工作力量不到位

当前多数高校的民族工作由统战部门负责，高校铸牢中华民族共同体意识工作领导小组办公室设在党委统战部，而高校统战部门的工作力量又比较单薄，缺少专职工作人员。如，T大学党委统战部（独立设置）设部长 1 名，下设统战部办公室，仅有工作人员 1 名，兼职负责学校民族工作；X 大学统战部与组织部合署办公，下设统战部办公室，仅有 1 名工作人员，兼职负责学校民族工作。专职辅导员队伍还有较大缺口，多数辅导员所带的学生数量远远超出了不高于 200 人的规定，部分辅导员带了 300 多名学生，也有一些辅导员带了 400 多甚至 500 多名学生，辅导员更多时间在忙于日常事务，导致组织开展铸牢中华民族共同体意识教育的时间和精力不足。

第5章　新时代高校加强铸牢中华民族共同体意识教育的实践路径

本研究在深入分析高校铸牢中华民族共同体意识教育存在问题及其原因的基础上，结合新形势下高校铸牢中华民族共同体意识教育的实际，提出了新时代高校加强铸牢中华民族共同体意识教育的实践路径。

5.1　加强和完善党的领导

2014年9月28日，习近平总书记在中央民族工作会议上指出："民族工作能不能做好，最根本的一条是党的领导是不是坚强有力。中国共产党的领导是民族工作成功的根本保证，也是各民族大团结的根本保证"。[①] 高校要进一步加强党的领导，全面贯彻党的民族政策，完善顶层设计，加强工作保障，

---

① 汪晓东，李翔，王洲．共享民族复兴的伟大荣光——习近平总书记关于民族团结进步重要论述综述［N］．人民日报，2021-08-25（01）．

切实把党的领导贯穿铸牢中华民族共同体意识教育的全过程和各方面，构建齐抓共管的工作机制。

5.1.1 加强党的全面领导

（1）加强顶层设计

做好新形势下民族工作，加强铸牢大学生中华民族共同体意识教育，必须加强党的领导，全面贯彻党的民族政策，坚持社会主义办学方向，巩固和发展新时代社会主义民族关系，健全齐抓共管工作机制。高校要健全完善“学校党委书记、校长主管，相关职能部门主抓，学院党委具体组织实施、全校师生共同参与”的铸牢中华民族共同体意识教育管理体制，构建“一级抓一级、各级有人抓、层层抓落实、事事求实效”的工作格局；要紧跟党和国家的部署要求，及时修订完善学校铸牢中华民族共同体意识教育的实施方案，压实工作责任、明确时间安排，通过任务清单和责任清单，明确各级党组织和党员的目标任务，推动形成高校铸牢中华民族共同体意识教育的长效机制。

（2）坚持同频共振

铸牢中华民族共同体意识教育意义重大、使命光荣，学校各级党组织和全体师生要坚持同频共振、同题共答，共同参与到铸牢中华民族共同体意识教育这一重要的工作之中，形成全员育人的工作机制。高校要持续深化“民族团结一家亲”和“三进两联一交友”（进班级、进宿舍、进食堂，联系少数民族学生、联系少数民族学生家长，与少数民族学生交朋友）活动，大力推进师生党支部共建、党员领导干部联系学生班级、全体教职工“三进两联一交友”等工作制度，深入了解少数民族学生的思想、生活、学习、就业等情况，及时帮助家庭困难的少数民族学生解决在就学、就医、就业等方面的问题，让各族学生切身感受到党和政府的关怀与温暖，努力营造师生朝夕相处、心手相连的育人氛围，共同绘就新时代民族团结的美好画卷。要在全校广泛开展争创民族团结进步模范单位、争做民族团结进步模范个人的主题活动，培养和选树一批为高校民族团结进步事业作出突出贡献的模范集体和模范个人，加强对模范集体和模范个人的宣传报道、表彰奖励。比如，S 大学每年开展一次“民族团结一家亲”活动先进集体和先进个人评选表彰，每两年开展一次“民族团结进步模范集体和模范个人”评选表彰，并将评选结果与各单位年度考核挂钩。

5.1.2　持续完善保障措施

（1）加强经费支持

高校要将开展铸牢中华民族共同体意识教育经费列入年度预算，设立专项工作经费，保障铸牢中华民族共同体意识教育相关活动的开展，如开展师资培训、学术交流、科学研究，观看主题电影，购买图书资料，参观爱国主义教育基地以及表彰民族团结进步模范集体和模范个人等。同时，学校的统战部、财务部等部门通过加强与上级部门的沟通对接，积极争取项目资金支持，确保把铸牢中华民族共同体意识教育工作抓细抓实。

（2）优化活动场地

良好的活动场地和现代化的播放设施，是保障高校铸牢中华民族共同体意识教育效果的重要因素。有关铸牢中华民族共同体意识的文化活动对表演场地和演出设施有着较高的要求。而当前部分高校用于学生开展活动的场地不足，演出设备也比较老旧，不具备现代声光电技术等，现有场地条件难以满足开展校园文化活动的需求。因此，高校要对现有的活动场地进行改造升级，综合运用声光电等现代技术，为开展铸牢中华民族共同体意识文化活动提供充足且先进的场地。

（3）配齐配强工作力量

铸牢中华民族共同体意识是高校统战部门的一项重要工作。而当前高校统战部门的人员配备不足、力量不强，已经成为制约高校开展铸牢中华民族共同体意识工作的一个重要因素。高校要统筹现有的机构和编制，不断增强开展铸牢中华民族共同体意识教育的工作力量。可在统战部设立民族工作科，设置编制 2 人；或者将统战部办公室的人员增加到 2 人，避免出现只有办公室主任 1 人“单打独斗”的局面。比如 S 大学党委统战部设有专职副部长 1 人，统战部办公室配有工作人员 2 人，确保有专职力量负责开展铸牢中华民族共同体意识教育工作。

5.1.3　构建科学完备的考评体系

（1）科学制定评价指标

评价指标是高校开展铸牢中华民族共同体意识教育评价的基础和依据，是衡量铸牢中华民族共同体意识教育质量和效果的重要标准。高校各级党组织应成立铸牢中华民族共同体意识教育指标考评工作领导小组，落实“一把手”负责制，以铸牢中华民族共同体意识为“纲”，坚持目标导向、绩效导向、结果导向，围绕学校民族工作年度重点目标任务，建立科学合理的铸牢中华民族共同体意识教育评价指标，坚持定量与定性相结合、激励性指标与约束性指标相结合，科学设定赋分标准，细化完善考核内容，以定性分析、定量测量、综合评估等方法为主要手段，形成具有可操作性、可比较性、可反馈性的评价指标体系，确保铸牢中华民族共同体意识教育评价指标设定科学化、具体化、规范化。

（2）建立多元评价主体

评价主体是高校开展铸牢中华民族共同体意识教育评价的

参与者和执行者，是影响铸牢中华民族共同体意识教育评价效果的重要因素。高校要建立多元评价主体，按照教师和学生不同类别，通过定量和定性相结合的方式，对高校开展铸牢中华民族共同体意识教育的过程和效果进行评价，充分调动教师和学生的积极性、主动性、创造性。在对学生的评价上，应采取过程性评价方式，针对大学生对高校铸牢中华民族共同体意识教育的思想认识、行为态度、情感认知等方面作出综合评价。在对教师的评价上，要建构起以学生为中心的评价体系，围绕教师的政治信念、学识素养、教育效果以及学生的获得感等方面进行评价。

(3) 实施动态反馈评价

评价过程是指高校开展铸牢中华民族共同体意识教育评价的实施和运行过程，是保证铸牢中华民族共同体意识教育评价目标和原则实现的重要过程。高校要建立铸牢中华民族共同体意识教育效果动态反馈机制，做到每个学期开展一次测评，并分别依据教师和学生的评价结果进行及时反馈，坚持以问题为导向、以改进为目的、以数据为支撑、以结果为依据，形成具有及时性、有效性、持续性、改进性的评价过程机制。

(4) 加强评价结果运用

评价结果运用是高校开展铸牢中华民族共同体意识教育评价的关键环节，是促进铸牢中华民族共同体意识教育质量提升的重要手段。高校要建立完善评价结果运用机制，把铸牢中华民族共同体意识教育纳入学校党建和思想政治工作考核体系，做到与中心工作同谋划、同部署、同落实、同考核，作为各级党组织领导班子及其成员考核、师生评先选优的重要依据。完善奖惩制度，对思政课教师、专业课教师、学生工作者等开展铸牢中华民族共同体意识教育的工作量进行认定并落实课时津贴；对在学校开展铸牢中华民族共同体意识教育中表现突出、成效明显、群众公认的先进集体和个人给予表彰，树立模范典型，发挥示范效应；对思想认识模糊、工作敷衍塞责、行为情感出格的集体和个人给予严肃批评教育，情节严重的予以处分。只有建立完善的评价结果运用机制并严格实施，形成具有针对性、实效性、可持续性、创新性的评价结果运用机制，才能确保高校铸牢中华民族共同体意识教育的质量和效果，更好地服务新时代高校党的民族工作高质量发展。

5.1.4　守好站稳高校意识形态阵地

高校是青年人最多、思想最活跃、知识最密集、网络技术应用最快的地方，是多种思潮的汇集地，是意识形态工作的前沿阵地。高校党委要不断提高政治站位，加强对意识形态工作的领导、引导和管理，站稳守好意识形态这一前沿阵地，打造清朗的思想政治教育环境。一是要提升管控能力。高校要坚持把铸牢中华民族共同体意识作为落实立德树人根本任务的具体要求，巩固马克思主义在意识形态领域的指导地位，牢牢掌握意识形态领域的主动权、领导权、话语权。要深入学习贯彻习近平新时代中国特色社会主义思想，做到学懂、弄通、做实，努力提升意识形态领导能力、鉴别能力、风险处置能力等管控能力，坚决抵制和批驳国内外各种反主流意识形态的错误言论和错误思潮。二是要严格管理阵地。高校要严格管理课堂主阵地，坚持“三尺讲台”有纪律、课堂讲授有规矩、学术研究有底线，坚决抵御和防范“三股势力”渗透；要管好校园文化宣传阵地，包括橱窗、横幅等各种宣传载体，校报、学报、专著等各种出版物，讲座、报告会等各种讲坛，不给任何错误思想观点提供传播机会和平台。三是营造清朗的网络环境。网络世界良莠不齐，充斥着各种不良信息，对高校开展铸牢中华民族共同体意识教育提出新的挑战。高校要提高思想认识，筑牢网络安全之堤，教育各族学生提升对不良网络信息的甄别能力，做到自觉抵御有损民族团结进步的不良信息，抵御西方敌对势力和不良思潮渗透，大力营造更加清朗的网络传播环境。高校要积极参与中央网信办开展的“清朗”系列专项行动，加强贴吧、网站、聊天群等各种网络平台的管理，及时清理歪曲革命历史、抹黑革命先烈的不良信息，引导大学生正确认识“翻墙”上网的严重危害，坚决反对历史虚无主义，杜绝“低级红”“高级黑”，切实净化铸牢中华民族共同体意识的网络传播环境。

5.2 夯实课堂教学主阵地

课堂是点亮思想火炬、启迪人生智慧的地方。“在各种教育活动中，课堂教学是最基本、最重要和最稳定的教育活动。课堂教学的内容是人类认识世界和改造世界的结晶，具有系统性和感召力。”① 高校要建设好课堂教学主阵地，优化铸牢中华民族共同体意识教育体系，把铸牢中华民族共同体意识融入思政课程和课程思政建设之中，使各族学生在理想信念、价值理念、道德观念上紧紧团结在一起，从而达到培养担当民族复兴大任的时代新人的目标。

5.2.1　充分发挥思政课主渠道作用

思政课是高校铸牢中华民族共同体意识教育的关键课程。思政课应运用系统的学术话语和理论表达，使学生深刻领会铸牢中华民族共同体意识的核心要义和实践要求，厘清中华民族共同体形成发展的历史脉络。“思政课课堂是中华民族共同体实践性认知教育的‘生产场所’，通过系统性理论知识的复演与再生产，为中华民族共同体经验性认知教育提供可能条件。”② 思政课具有强烈的意识形态属性以及鲜明的价值导向和目标导向，在高校铸牢中华民族共同体意识教育中发挥着重要的政治引导功能。当前，针对本科生开设的思政课程主要有“思想道德与法治”“中国近现代史纲要”“马克思主义基本原理”“毛泽东思想和中国特色社会主义理论体系概论”“习近

① 教育部思想政治工作司．大学生思想政治教育理论与实践［M］．北京：高等教育出版社，2009.

② 杜林，张丽军，包启明．高校课程思政助推铸牢中华民族共同体意识教育的内在机理与行动逻辑［J］．民族教育研究，2022，33（05）：12-19.

平新时代中国特色社会主义思想概论”以及“形势与政策”等。将铸牢中华民族共同体意识教育贯穿高校思政课教学全过程，应充分发挥每一门思政课的作用。每一门思政课都有其教材体系、教学体系、教学内容和教学目标，思政课教师应据此选取铸牢中华民族共同体意识教育内容，并将其有机融入思政课教学。比如，通过“习近平新时代中国特色社会主义思想概论”课程教学，让学生系统掌握习近平总书记关于铸牢中华民族共同体意识的重要论述，深刻了解习近平总书记关于加强和改进民族工作的重要思想是一个科学理论体系。通过“思想道德与法治”课程教学，加强各族学生对中华民族共同体意识的情感认同和价值认同，引导各族学生牢固树立休戚与共、荣辱与共、生死与共、命运与共的共同体理念，增强国家意识、公民意识、法治意识，构筑中华民族共有精神家园。通过“马克思主义基本原理”课程教学，引导各族学生用辩证唯物主义和历史唯物主义的世界观和方法论全面认识党的民族工作取得的历史成就，让各族学生建立马克思主义民族观的理论框架，能够正确地运用马克思主义的基本立场、观点和方法看待民族问题。通过“中国近现代史纲要”课程教学，讲清楚中国近现代解决民族问题的进程深刻揭示了中华民族与各民族的辩证关系；讲清楚鸦片战争后，反抗外来侵略和民族危机激发了中华民族意识的空前觉醒，在共御外侮的血泪史中，中华民族实现了从“自在的民族实体”到“自觉的民族实体”的转变，从而帮助各族学生牢固树立正确的中华民族历史观，深刻认识铸牢中华民族共同体意识是对中华民族团结进步规律的深刻揭示，是中华民族从站起来、富起来到强起来的必然要求。也可在思政课程体系中增设专题章节，把铸牢中华民族共同体意识的学理逻辑讲全讲深讲透，鼓励思政课教师讲好中国共产党百年辉煌成就、中华民族伟大复兴恢宏史诗等，坚守铸牢中华民族共同体意识教育的前沿阵地。

在课堂教学过程中，思政课教师要用透彻的学理分析、彻底的思想理论以及真理的强大力量，教育引导学生在维护民族团结和国家统一中凝心聚力、心灵相通，更好培养各族学生的民族精神和家国情怀。思政课教师要结合不同思政课的教学内容和培养目标，精心打磨教学内容，精心设计教学环节，精心挑选教学案例，从不同角度阐述铸牢中华民族共同体意识的丰富内涵和重大意义，“讲清楚中国共产党领导和社会主义制度是我国各民族共同发展进步的可靠保障，讲清楚中华民族是具有强大认同度和凝聚力的命运共同体，讲清楚中国特色解决民族问题的正确道路所具有的明显优越性”①，为学生知行合一、笃行落实奠定学理基础，确保铸牢中华民族共同体意识教育有序开展，见到实效。

① 铸牢中华民族共同体意识 推进新时代党的民族工作高质量发展［N］. 人民日报，2023-10-29（01）.

5.2.2 持续推动思政课教学改革创新

习近平总书记强调："改革创新是时代精神，青少年是最活跃的群体，思政课建设要向改革创新要活力。"① 铸牢中华民族共同体意识教育需要丰富的手段、多样的方法。为增强铸牢中华民族共同体意识教育效果，高校要大力推进思政课教学方法改革创新。如果在授课过程中采用平铺直叙的方法，就难以达到"入脑入心入行"的效果。思政课教师要从青年学生的思想实际入手，改变传统"我说你听"的说教方式，设计选择丰富多样的教学方式方法，可"积极采用案例式教学、探究式教学、体验式教学、互动式教学、专题式教学、分众式教学等"② 丰富多样的教学方法，采用小组合作研学、情景模拟、课题研讨、课堂辩论等方式发挥学生的主体性和主动性，使思政课既有理论灌输，又有故事融入，把"有意义"的事情讲得"有意思"，把大道理说得生动易懂、娓娓动听，促进学生对铸牢中华民族共同体意识的思考与探索，增强学生对中华民族的认同感、归属感、自豪感，让铸牢中华民族共同体意识根植在各族学生心灵深处。

思政课的本质是讲道理，要注重方式方法，把道理讲深、

---

① 沈壮海，王芸婷. 守正创新，展现思政课新气象新作为［N］. 光明日报，2024-06-11（15）.

② 习近平. 思政课是落实立德树人根本任务的关键课程［N］. 求是，2020-08-31（17）.

讲透、讲活。高校要打破不同思政课程间的教学内容壁垒，引导思政课教师在不同思政课程教学内容的有机衔接上下功夫，使各族学生融会贯通地深刻理解铸牢中华民族共同体意识的理论基础、历史脉络、时代背景等。比如，在“中国近现代史纲要”课程中，讲到中华民族在抵御外侮进行的一次次英勇斗争时，可将“思想道德与法治”课程中的中国精神内容穿插衔接进去，强调民族觉醒与以爱国主义为核心的民族精神是密不可分的；在“形势与政策”课程中，对当今世界格局以及中国在其中所处的地位与作用分析时，可运用“马克思主义基本原理”中的马克思主义国家观、历史观、民族观、文化观、宗教观等立场观点具体阐述；“铸牢中华民族共同体意识”是党的十八大以来，以习近平同志为核心的党中央着眼新时代民族工作面临的新形势新特点，深刻把握党和国家事业发展对民族工作提出的新任务新要求，创造性提出的重大论断，其孕育形成的长期理论探索有迹可循，可结合“毛泽东思想和中国特色社会主义理论体系概论”中关于“民族关系”“民族团结”等相关论述加以梳理。

5.2.3　全面推进课程思政建设

“课程思政是将思政课程的理论知识、价值理念以及精神追求等融入专业课程之中。课程思政以潜移默化的形式助推思政教育与专业知识相融通、知识学习与价值塑造相统一，把专业知识学习与铸牢中华民族共同体意识教育统一起来，将有关中华民族共同体意识的重要标识融入专业课程教学，消弭专业教育与思政教育之间的鸿沟。”① 高校开展铸牢中华民族共同体意识教育既要发挥思政课的主渠道作用，也要挖掘各专业课程铸牢中华民族共同体意识教育元素，推进多学科、多主体、多要素的共同协作、有机契合。习近平总书记指出：“其他各门课都要守好一段渠、种好责任田，使各类课程与思想政治理论课同向同行，形成协同效应。”② 课程思政促进了高校铸牢中华民族共同体意识教育的专业融通。“专业课程有机融入思政要素，实现协同立德树人，是课程思政的主要目标。”③ 高校要全面推进课程思政建设，结合学科特点和培养目标，引导专业课教师深入挖掘各课程所蕴含的思想政治教育资源，在各门专业课程的课堂教学中融入马克思主义民族观、中华民族多元一体格局等内容，鼓励教师守好铸牢中华民族共同体意识教育的“一段渠”，实现铸牢中华民族共同体意识教育全面嵌入、融入课程思政整体建设之中，使中华民族共同体意识入脑入心。专业课教师要通过将民族团结进步模范个人先进事迹、民族风俗习惯等，以具体化、情感化、生活化的方式呈现出来，展现各民族交往交流交融的情景，引导各

① 张健，柳钠．高校铸牢中华民族共同体意识教育的路径研究［J］．学校党建与思想教育，2024（01）：94-96.

② 为党育人 为国育才——以习近平同志为核心的党中央关心学校思想政治工作纪实［N］．人民日报，2021-12-02（01）.

③ 狄鸿旭．高校开展铸牢中华民族共同体意识教育的理论逻辑与实践路径［J］．中南民族大学学报（人文社会科学版），2023，43（09）：46-54+182-183.

族学生增强“五个认同”。比如，在医学类专业课程教学中，可引入全国民族团结进步模范个人、被各族群众称为“马背上的白衣天使”——梅莲的动人事迹，引导各族学生继承“敬佑生命、救死扶伤、甘于奉献、大爱无疆”的医者精神，扎根边疆，建设祖国，在增进民族团结、维护人民健康的崇高事业中实现人生价值；在农学类专业课程教学中，可引入高校科技人员积极投身新时代农业农村发展建设的先进事迹，讲述他们克服诸多困难，想尽一切办法为各族群众办好事、办实事、解难事的感人故事，引导各族学生以强农兴农为己任，树立把论文写在祖国大地上的意识和信念，把奔赴乡村振兴最前沿、民族团结第一线作为自己的人生目标；在教育学类专业课程教学中，可将高校选派师生去边疆中小学、幼儿园支教的事迹作为教学案例，讲述支教师生牢记育人初心、助力边疆基础教育事业发展的生动故事，引导各族学生争做民族团结进步的促进者、实践者、守护者，共绘民族团结进步“同心圆”。

5.2.4　着力加强中华民族共同体学科建设

习近平总书记强调，必须“用党关于加强和改进民族工作的重要思想统领和指导中华民族共同体理论体系建设。要优化学科设置，加强学科建设，把准研究方向，深化中华民族共同体重大基础性问题研究，着力解决我国民族学研究中存在的被西方民族理论思想和话语体系所左右的问题，加快形成中国自主的中华民族共同体史料体系、话语体系、理论体系”①。高校要加强中华民族共同体相关学科建设，鼓励多学科共同参与中华民族共同体理论研究，构建适应新时代铸牢中华民族共同体意识需要的学科专业体系。高校要加强马克思主义理论学科建设力度，大力推进马克思主义理论一级学科博士点和硕士点建设。已经获批马克思主义理论一级学科博士点和硕士点的高校，要把铸牢中华民族共同体意识研究作为重要研究方向。高校要积极培育铸牢中华民族共同体意识教育相关学科集群，大力推进历史学、民族学、社会学、民俗学、政治学、地理学、法学等学科建设，在马克思主义理论学科建设中加强铸牢中华民族共同体意识教育。只有各个学科联动一体，才能更好地为铸牢中华民族共同体意识教育研究提供理论阐释。

高校要加强课程建设，加快构建铸牢中华民族共同体意识教育课程体系。高校要建立以“中华民族共同体概论”“中华民族共同体通史”为主干的核心课程，开设以“中华文明史”“中国共产党民族工作史”“新时代民族工作概论”等为核心的必修课和选修课，同时要结合习近平总书记关于加强和改进民族工作的重要思想的新内容再创设一批新课程。2024 年 2 月 29 日，国家民委组织编写的《中华民族共同体概论》教材正式出版。“概论教材是第一部全面系统阐

① 习近平．铸牢中华民族共同体意识 推进新时代党的民族工作高质量发展［N］．求是，2024-01-31（03）．

释习近平总书记关于加强和改进民族工作的重要思想的统编教材，是一本具有思想政治教育属性的公共课教材，是构建中华民族共同体史料体系、话语体系、理论体系的重要成果。概论教材的编写出版和发行使用，对于更好用党的创新理论铸魂育人，建设中华民族现代文明，引导青年学生树牢正确的中华民族历史观，根植休戚与共、荣辱与共、生死与共、命运与共的共同体理念具有重要意义。"① 高校要以概论教材为依托，充分发挥统编教材的权威性、政策性和示范性作用，全面开设"中华民族共同体概论"必修课程，切实把教材优势转化为教学优势，推动铸牢中华民族共同体意识教育融入办学治校、教书育人全过程。

5.3　建设高水平思政工作队伍

教师是立教之本、兴教之源，人才培养关键在教师。高校开展铸牢中华民族共同体意识教育，必须建设一支政治素质过硬、业务能力精湛、育人水平高超的高素质的教师队伍。高校要建立由各级党组织书记、党政干部、思政课教师、辅导员等为主体，各学科教师共同参与的铸牢中华民族共同体意识教育专兼职队伍。

① 《中华民族共同体概论》教材出版发行［EB/OL］. 中华人民共和国中央人民政府网站，2024-02-29.

5.3.1 配齐配强思政工作队伍

(1) 完善思政工作队伍建设规划

思政课教师队伍和辅导员队伍是高校开展铸牢中华民族共同体意识教育的两支重要队伍。高校党委要提高政治站位，强化政治担当，落实主体责任，坚决扛起配齐配强两支队伍的政治责任，从讲政治的高度、维护安全稳定的维度、促进学生健康成长的角度，充分认识抓好高校两支队伍建设的重大意义，不折不扣落实党中央和教育部等关于两支队伍配备的工作要求，在配齐上下功夫。高校要成立由党委书记、校长任组长的思政工作队伍建设领导小组，制定3~5年建设方案，完善中长期建设规划，以台账的方式统筹推进学校思政工作队伍建设全面“立柱架梁”，严格按照师生比不低于1：350的比例设置专职思政课教师岗位，按照师生比不低于1：200的比例设置专职辅导员岗位。

(2) 打造专兼结合的思政工作队伍

高校要把配齐专职思政课教师作为思政工作队伍建设的基础，建立专职思政课教师“绿色通道”引进机制，加大马克思主义理论学科高层次人才和优秀青年人才的引进力度；可以探索胜任思政课教学的党政管理干部转岗为专职思政课教师的长效机制，积极推动符合条件的辅导员参与思政课教学，鼓励政治素质过硬的相关学科专家转任思政课教师。鼓励高等学校统筹地方党政领导干部、企事业单位管理专家、社科理论界专家、各行业先进模范以及高等学校党委书记、校长、院（系）党政负责人、名家大师和专业课骨干、日常思想政治教育骨干等讲授思政课。要注重吸纳“五老”（老干部、老战士、老专家、老教师、老模范）等先进人物担任兼职思政课教师，在多元育人主体与校内教师的深度互动中提升思政课教师队伍的全面性、综合性。

（3）严格选聘管理

高校要严把思政课教师和学生辅导员选聘政治关、师德关、业务关，让有理想的人讲理想，有信仰的人讲信仰，师德高尚的人讲思政课；要对标“四有”好老师标准，严格思政课教师和辅导员的选聘标准程序，将政治立场坚定、为学为人表现良好、具有发展潜力的人才充实到思想政治教育工作队伍。要完善师德评价体系，加强师德考核力度，严格落实《新时代高校教师职业行为十项准则》《关于高校教师师德失范行为处理的指导意见》等规定，加大对思政课教师和辅导员思想品德、实践能力、工作实绩、育人成效、学生满意度等考察考评力度。实行师德“一票否决制”，建立思政课教师退出机制，对在教育教学活动中损害党中央权威、违背党的路线方针政策的，除按相关要求从严处理，应及时将其调离思想政治工作岗位。

5.3.2 提升思政工作队伍能力

（1）强化思想政治引领

让有信仰人的讲信仰，这是对思政工作者的基本要求。习近平总书记对思政课教师提出了“政治要强、情怀要深、思维要新、视野要广、自律要严、人格要正”的“六要”要求，特别强调要把政治要求放在首位，指出：“政治要强，让有信仰的人讲信仰，善于从政治上看问题，在大是大非面前保持政治清醒。”①思政课教师是我们党奋斗在思想战线上、坚守在精神高地上的特殊战士，对党忠诚、政治要强是第一位的政治要求。高校要把思想政治建设摆在首位，旗帜鲜明讲政治，教育引导思政课教师把稳思想之舵、补足精神之钙、筑牢信仰之基，忠诚于党和人民的教育事业，增强传播党的理论和政策、讲好新时代民族团结进步故事的责任感、使命感和荣誉感。

（2）强化创新理论武装

坚持教育者要先受教育。思政课教师只有先把党的创新理论研究通透了，才能真懂真信真坚定，才能由理论认同转化为价值认同、由心理认同转化为信念信仰，才能做到自我约束，遵守政治纪律和政治规矩，做到课上课下一致、网上网下一

① 用新时代中国特色社会主义思想铸魂育人 贯彻党的教育方针落实立德树人根本任务［N］. 人民日报，2019-03-19（01）.

致，才能对所讲述内容高度认同，在课堂上讲得有底气、引导学生去真学，真正肩负起学生健康成长成才指导者和引路人的责任。高校要加强对思政工作者的理论武装，定期组织思政工作者深入学习习近平总书记关于加强和改进民族工作的重要思想，认真研读习近平总书记在全国民族团结进步表彰大会、中央民族工作会议、中央新疆工作座谈会、中央西藏工作座谈会、2023 年中共中央政治局第九次集体学习等会议上的重要讲话精神，不断提升思政课教师开展铸牢中华民族共同体意识教育的思想认识、知识能力和理论水平。

（3）强化教学能力提升

高校要不断提升教师队伍的育人水平，为开展铸牢中华民族共同体意识教育提供坚强的支撑。通过开展集体备课、教学观摩、教学沙龙、教学研讨、教学诊断等系列教学活动，选派教师参加访学交流、学术论坛、专题培训、实践锻炼等多种形式的活动，帮助思政课教师丰富教学手段，完善教学技巧，增强铸牢中华民族共同体意识实践体验，掌握运用网络信息技术教书育人的方式方法，不断提升将铸牢中华民族共同体意识教育全方位融入思政课堂教学的实践能力。要创造更多的条件、搭建更多的平台，鼓励思政课教师积极参加全国、省（市）的“高校思政课教学能手大赛”“高校思想政治理论课教学展示”等技能竞赛活动，以赛促教，帮助思政课教师转变思想观念、更新教学理念，把准当代大学生的学习特征和学习需求，切实提升思政课教学质量和水平。

5.3.3 思政工作者要挺膺担当

(1) 思政工作者要增强开展铸牢中华民族共同体意识教育的紧迫感和责任感

思政课教师、辅导员、党政干部等思政工作者要认真学习习近平总书记关于加强和改进民族工作的重要思想，深入学习贯彻党的二十大精神，提高对高校开展铸牢中华民族共同体意识教育重要性的认识，增强开展铸牢中华民族共同体意识教育的紧迫感和责任感，以时不我待的精神丰富自己的专业知识和理论水平。习近平总书记指出："过去讲，要给学生一碗水，教师要有一桶水，现在看，这个要求已经不够了，应该是要有一潭水。"① 新形势新任务对思政工作者的知识水平提出了更高要求。高校思政工作者要重视对中华民族共同体相关知识的学习，在日常教学、科研、管理、服务等各项工作中再学习、再研究，积极探索高校开展铸牢中华民族共同体意识教育的不同形式和途径，以奋进之姿，拒绝"躺平""摆烂"，在知识体系和技术方法层面夯实铸牢中华民族共同体意识教育的基础，努力为培养德智体美劳全面发展的社会主义建设者和接班人贡献力量。

① 习近平. 做党和人民满意的好老师 [N]. 人民日报，2014-09-10 (02).

(2) 思政工作者要提升开展铸牢中华民族共同体意识教育的话语运用能力

只有不断增加思想政治教育话语的“高度”“力度”和“温度”，才能提高思想政治教育话语的解释力、生命力和感召力，才能切实提升思想政治教育之于学生的亲切感、获得感和认同感。思政工作者要注重用青年学生认同的语言来服务青年学生，以青年学生认同的话语风格和内容赢得他们的信赖，让话语方式从“权威范式”向“对话范式”转换，以平等开放的姿态与青年学生做朋友。思政工作者要结合当代青年大学生的思想特点和行为特征，用青年学生熟悉的“网言网语”、大众话语与学生交流，要“将先进典型和感人事迹作为红色网络思政教育的重要素材，减少抽象的概念叙事，多采用大学生乐于接受的网络化表达形式，增强红色文化在互联网空间的亲和力和感染力”①，讲好一百年来中国共产党团结带领全国各族人民革命、建设、改革的生动故事，讲好新时代中国共产党领导各族人民奋力开创民族团结进步事业取得的巨大成就。

5.4　激发大学生内生动力

马克思认为，人能够使“自己的生命活动本身变成自己

① 刘建平，刘聪冲．高校红色网络思政教育创新研究探析［J］．思想政治工作研究，2022（10）：31-32.

意志的和自己意识的对象”①。新时期，高校学生思想政治工作要坚持教育与自我教育相结合的原则，既要充分发挥学校教师、党团组织的教育引导作用，又要激发大学生的内生动力，增强自我教育的主动性。

5.4.1 发挥学生党员引领作用

在调查中了解到，高校学生党员经长期的教育和日积月累的学习，有着较高的文化素养和较为丰富的学科知识，他们对党的民族理论工作创新成果、铸牢中华民族共同体意识的时代内涵和价值意蕴的了解和认知程度明显高于非党员学生。高校要充分发挥学生党员的示范引领作用，组建学生党员宣讲团，在广大青年学生中宣讲或演绎各民族交往交流交融的典型历史事件，如“文成公主进藏”“八千湘女上天山”“三千孤儿入内蒙”等，大力讲好中华民族故事，宣介中华民族共同体意识，激发各族学生学习了解我国各族人民交往交流交融光辉历史的热情和动力，在各族学生心灵深处播撒铸牢中华民族共同体意识的种子。

5.4.2 强化共青团组织育人功能

在调查中了解到，高校学生群体中占比例最大的共青团员对铸牢中华民族共同体意识的时代内涵和价值意蕴了解不深不

① 中共中央马克思恩格斯列宁斯大林著作编译局．马克思恩格斯文集（第一卷）[M]．北京：人民出版社，2009：162.

透。青年学生有着充沛的精力、体力、智力，他们满怀着理想和希望，是铸牢中华民族共同体意识教育的实践者。高校要充分发挥共青团组织的育人功能，加强对青年团员的思想引领，通过实施青年马克思主义工程、开设“青马公开课”“信仰公开课”、用好团支部“三会两制一课”等多种措施，大力开展铸牢中华民族共同体意识教育，让广大青年团员在理论学习、实践锻炼、文艺演出、诗歌朗诵等多样化的教育活动中感受各民族亲如一家的浓浓氛围，感受铸牢中华民族共同体意识的重要性、紧迫性。

5.4.3　彰显先进典型榜样力量

新时代是模范人物辈出的时代，涌现出了一大批全国民族团结进步模范个人。高校要“充分发挥先进典型示范引领作用，深化时代楷模、道德模范、最美人物、身边好人等学习宣传，持续讲好不同时期英雄模范的感人故事，探索完善先进模范发挥作用的长效机制，把榜样力量转化为亿万群众的生动实践”①，以榜样力量引领各族学生向阳生长，可定期邀请魏德友、马军武、李梦桃、梅莲等民族团结进步模范人物走进校园、走上讲台作先进事迹报告，讲述他们保家卫国戍边、服务各族人民的感人故事，让各族学生零距离接触英雄模范，让各族大学生从中华民族传统美德中得到道德滋养，从英雄人物和

① 中共中央 国务院印发《关于新时代加强和改进思想政治工作的意见》[N]. 人民日报，2021-07-13（02）.

时代楷模身上感受道德风范，引导各族学生积极践行民族团结进步模范事迹，铸牢爱党爱国、团结奋进的思想基础，不断提升铸牢中华民族共同体意识的自觉性和主动性，积极为中华民族大团结贡献自己的力量，在校园形成从我做起、从身边小事做起，争做铸牢中华民族共同体意识践行者的向上之风。

5.4.4 大学生要加强自我教育

首先，要增强自我学习的意识。大学生要把习近平总书记关于加强和改进民族工作的重要思想作为必修课，利用一切机会加强有关党的民族理论和民族政策、中华民族发展史等知识的学习，不断丰富自己的学科知识。大学生要运用网络新媒体自主学习红色文化知识。许多城市的博物馆都建设了网上展馆，许多高校的官方网站都开设了铸牢中华民族共同体意识专栏，“学习强国”平台也有许多关于铸牢中华民族共同体意识的知识内容。大学生要主动运用网络新媒体，加强铸牢中华民族共同体意识相关知识的学习。其次，要主动开展实践参观。实践决定认识，认识源于实践。大学生要积极前往当地的民族博物馆、民族文化宫、铸牢中华民族共同体意识主题展馆、革命博物馆、边防哨所、烈士陵园、革命旧址遗迹等进行参观、瞻仰，用心了解每一件见证着民族融合的文物古迹，用心体悟每一个反映各民族心手相牵的民族团结故事，从而升华情感、荡涤心灵、陶冶情操，增强自觉维护祖国统一和民族团结的行动力和信心。最后，要积极开展交流互动。大学生之间还可以通过班级活动、班级 QQ 群和微信群开展线上线下交流互动，谈心得、话感受、讲收获，让铸牢中华民族共同体意识根植于内心深处。

5.5 营造浓厚的宣传教育氛围

习近平总书记指出：“加强中华民族大团结，长远和根本的是增强文化认同，建设各民族共有精神家园，积极培养中华民族共同体意识。文化认同是最深层次的认同，是民族团结之根、民族和睦之魂。文化认同问题解决了，对伟大祖国、对中华民族、对中国特色社会主义道路的认同才能巩固。”① 高校要以铸牢中华民族共同体意识为主线，打造铸牢中华民族共同体意识新场域，孕育铸牢中华民族共同体意识“大文化”，为开展铸牢中华民族共同体意识教育提供强大精神动力。

5.5.1 大力建设校园文化景观

校园文化景观熏陶着莘莘学子，影响着他们的人格修养，承载着教化育人的功能。高校加强校园文化景观建设，发挥好校园文化的隐性育人功能，让铸牢中华民族共同体意识融入各族学生心灵。一是建设一批体现铸牢中华民族共同体意识的校园文化景观。如在教学楼、实验楼、体育馆、图书馆等标志性

---

① 汪晓东，李翔，王洲．共享民族复兴的伟大荣光——习近平总书记关于民族团结进步重要论述综述［N］．人民日报，2021-08-25（01）．

建筑上镌刻“三个离不开”“五个认同”“四个与共”等内容，在教室、食堂、实验室等场所张贴习近平总书记关于铸牢中华民族共同体意识的名言名句，在校园内设置足够数量的为维护民族团结、国家统一作出重要贡献的人物雕像并进行科学布局，让铸牢中华民族共同体意识入脑入心。将“中华民族一家亲”“社会主义核心价值观”等有关铸牢中华民族共同体意识的元素应用在校园物质环境建设中，让校园的建筑、场馆、树木“会说话”，让全体师生在校园时时处处都能看到“中华民族一家亲、同心共筑中国梦”的生动画面，使各族学生对国家内涵和中华民族共同体意识内涵的理解更加深刻。二是设置一批铸牢中华民族共同体意识书籍阅读区。如在教室、学术报告厅摆放《格萨尔》《江格尔》《玛纳斯》《静静的艾敏河》《中华民族多元一体格局》等有关铸牢中华民族共同体意识的书籍，为各族学生了解学习中华民族悠久的历史提供便利条件，让各族学生深刻认识到一部中国史，就是一部各民族交融汇聚成多元一体中华民族的历史。三是设计一批呈现意蕴厚重、内涵丰富、共有共享的中华文化符号和形象。如以红色“石榴籽”为元素的人文景观，寓意各民族像石榴籽一样紧紧抱在一起，把中华文化基因的内核景观化，赋予校园一景一物以教育意蕴，发挥环境育人的重要作用。

当前，许多高校正在进行新校区建设，这是打造铸牢中华民族共同体意识教育浓郁环境的重要时机。高校要因地制宜、因时制宜对校园环境进行规划，设计出兼具文化底蕴和自然美感的铸牢中华民族共同体意识教育实物载体，如寓意深刻的民族团结进步模范人物雕塑，浩气凛然的铸牢中华民族共同体意识宣传标语，反映各民族休戚与共、水乳交融，包容凝聚、同舟共济的中华文化长廊等，以多样化的展示形式，把宝贵历史资源转化为直观、鲜活、立体的生动形象，更好传承中华优秀传统文化的“根”与“魂”。

5.5.2　广泛开展主题文化活动

中华优秀传统文化是中华民族之精神命脉，其深厚的历史积淀和历史渊源奠定了铸牢中华民族共同体意识的历史根基。“中华优秀传统文化教育抓早抓小、久久为功、潜移默化、耳濡目染，有利于夯实传承中华优秀传统文化的根基。”① 高校要充分利用中华优秀传统文化资源，大力开展弘扬中华优秀传统文化、传承中华民族精神、宣传中国特色社会主义民族理论政策的主题活动。要广泛开展“礼敬中华优秀传统文化”系列活动，要充分依托春节、清明、端午、中秋、冬至等中华民族传统节日，通过举办中华诗词经典诵读，打造民族团结文化长廊，举办民族团结画展，开展书法、绘画、剪纸、篆刻培训，庆祝中华民族传统节日等丰富多彩的活动，增进各族学生对中华优秀传统文化的认同。高校要用好丰富的红色文化资源，广泛开展唱红色歌曲、读红色著作、演红色话剧、诵红色

① 完整准确贯彻新时代党的治疆方略 建设团结和谐繁荣富裕文明进步安居乐业生态良好的美好新疆［N］. 人民日报，2022-07-16（01）.

诗歌、看红色电影等红色主题活动，通过红色场景建起来、红色经典读起来、红色故事讲起来等举措，将丰富的红色文化资源转化为优质思想政治教育资源，引领各族学生深入学习中国共产党党史、新中国史、社会主义发展史、改革开放史、中华民族发展史等，使各族学生在传承红色基因中铸牢中华民族共同体意识。

5.5.3 更好发挥仪式教育功能

仪式教育已经成为高校思想政治教育的一个重要方法。仪式教育具有激励功能，能给人以振奋、愉悦和鼓舞，唤醒青年学生的荣誉感、上进心，激发其内心深处的进取动力，鼓励各族学生践行民族团结、维护民族团结，形成争先创优的良好氛围。高校要注重搞好仪式教育，通过开学“第一课”、日常“每一课”、毕业“最后一课”等多种方式，开展有关各民族交往交流交融的历史与团结奋斗、守望相助的故事的宣传教育。高校要在“五四”青年节、“七一”建党节、“十一”国庆节等重要时间节点，开展党史、新中国史、改革开放史、社会主义发展史、中华民族发展史的学习教育，让各族学生了解中华民族的历史、中华民族共同体理论以及新时代党的民族工作取得的历史性成就；特别是要重点挖掘社会主义先进文化、革命文化、中华优秀传统文化资源，促进各族学生在思想上、精神上紧紧团结在一起。高校也可定期举办铸牢中华民族共同体意识知识竞赛、演讲比赛、专题讲座、学术报告，开展习近平总书记关于加强和改进民族工作的重要思想、马克思主义"五观"、"五个认同"等专题学习教育，引导各族学生旗帜鲜明地批判历史虚无主义、新自由主义、"普世价值论"、宪政民主等错误思潮，不断增强对伟大祖国的认同、对中华民族的认同、对中华文化的认同、对中国共产党的认同、对中国特色社会主义的认同。

5.5.4　充分利用信息技术赋能

习近平总书记指出，要运用新媒体新技术使工作活起来，推动思想政治工作传统优势同信息技术高度融合，增强时代感和吸引力。[①] 在互联网占据信息传播主导地位的今天，网络已经成为思想政治教育的重要载体。网络媒体是高校开展铸牢中华民族共同体意识教育的重要渠道。高校要用好网络媒体传播平台，讲好中华民族共同体的故事，引导各族学生相互尊重、相互欣赏、相互学习、相互借鉴。高校要在门户网站以及微博、微信、抖音等新媒体平台开设"民族团结进步创建""铸牢中华民族共同体意识""民族风情"等专题专栏，围绕铸牢中华民族共同体意识主线、构筑中华民族共有精神家园、促进各民族交往交流交融等重点工作，广泛开展党的民族理论政策、习近平总书记关于加强和改进民族工作的重要思想的宣传，将不同形式的传播平台塑造成铸牢中华民族共同体意识宣传教育的

---

① 把思想政治工作贯穿教育教学全过程 开创我国高等教育事业发展新局面［N］. 人民日报，2016-12-09（01）.

重要阵地。同时，高校要充分发挥人才、技术优势，建设校园文化“云平台”，以铸牢中华民族共同体意识为主题，开发一批网上场馆和虚拟仿真教学资源，创作一批网络文化作品，为学生提供更具交互感、现场感、代入感的学习场景，引导各族学生突破信息茧房，让“三个离不开”“四个与共”和“五个认同”思想扎根心中。高校还可借助网络平台打造“云课堂”“微党课”，让各族学生透过屏幕走进历史，在娓娓讲述中与民族团结进步模范人物重逢，在故事情节中领悟时代精神。

5.6 促进各族师生交往交流交融

习近平总书记指出：“要促进各民族广泛交往交流交融，以中华民族大团结促进中国式现代化。强国建设、民族复兴的进程，必然是各民族广泛交往交流交融的过程，必然是各民族共同团结奋斗、共同繁荣发展的过程。”① 促进各族师生广泛交往交流交融，是高校开展铸牢中华民族共同体意识教育的重要内容。

5.6.1 全方位构建互嵌式学习生活环境

学习空间越开放、学习伙伴越多元，学习效果就越理想。高校学生来自祖国各地，由多民族汇集而成，他们有着不同的

① 铸牢中华民族共同体意识 推进新时代党的民族工作高质量发展［N］. 人民日报，2023-10-29（01）.

文化、习俗和语言。高校要加强顶层设计，运用多种载体，采取多种形式，为各族学生广泛交往交流交融提供先行条件。要全面深入推进各族学生“混班教学、混合住宿、共同用餐、一起活动”工作，坚持汉族学生与少数民族学生混合编班、同班上课，选派品学兼优的汉族学生与少数民族学生结对子，建立学习、交往等互助小组；在每间宿舍中安排一定比例的少数民族学生，引导各族学生相互尊重、相互包容，促进共同成长；要坚持实施共同用餐，开展就餐环境改造，所有食堂面向各族学生开放，实现民汉学生同一餐厅、分窗口用餐。通过打造“你中有我、我中有你”的嵌入式学习生活环境，努力促进各族学生思想上同心、学习上同行、宿舍里同住、生活中同乐，使各族学生学习在一起、生活在一起、成长在一起，在其乐融融的学习生活环境中铸牢中华民族共同体意识。

5.6.2　多途径开展“中华民族一家亲”融情活动

“中华民族一家亲”融情活动是促进各族师生交往交流交融的重要方式。高校要坚持以铸牢中华民族共同体意识为主线，以校园文化活动为牵引，大力开展“中华民族一家亲、同心筑梦向未来”系列主题活动，构建有形、有感、有效的铸牢中华民族共同体意识教育活动平台。要形成活动制度，丰富活动形式，每月至少开展一次活动，结对师生共同参与，共同表演节目。通过生动鲜活、亲切质朴的“中华民族一家亲”融情活动，引导各族师生在交往中增进了解、在交流中增进感情、在交融中增进认同，像珍惜自己的生命一样珍惜民族团结，像爱护自己的眼睛一样爱护民族团结，像石榴籽一样紧紧抱在一起，在中华民族大家庭中手足相亲、守望相助。

5.6.3 全面深入持久开展民族团结进步创建

新时代民族团结进步创建工作要坚持以铸牢中华民族共同体意识为根本方向，坚持以加强各民族交往交流交融为根本途径，坚持以“中华民族一家亲、同心共筑中国梦”为总目标。高校要巩固前期已有的创建工作成果，坚持重心下移、绵绵用力、久久为功，使民族团结进步创建活动进班级、进宿舍、进楼栋、进网络、进实验室、进科研团队；要改进民族团结进步宣传载体和方式，充分运用新技术、新媒体打造实体化的宣传载体；要拓展民族团结进步宣传教育网络空间，推进“互联网+民族团结”行动，打造网上文化交流共享平台，把互联网空间建成促进民族团结进步、铸牢中华民族共同体意识的新平台；要广泛宣传民族团结进步典型事迹，表彰民族团结进步模范集体和模范个人，建设民族团结进步教育基地等，使创建活动接地气、聚人气、有活力，实现创建工作全覆盖，在校园形成人人讲团结、处处是团结的良好氛围，让各族师生在广泛交往交流交融中铸牢中华民族共同体意识。

5.7 走进社会实践大课堂

习近平总书记指出：“社会是个大课堂。青年要成长为国家栋梁之材，既要读万卷书，又要行万里路。”① 马克思主义是实践的理论。高校要高度重视铸牢中华民族共同体意识的实践性，坚持把思政小课堂同社会大课堂结合起来，组织开展更多实践教育活动，让各族学生在实践中学真知、悟真谛，加强磨炼、增长本领，铸牢中华民族共同体意识。

5.7.1　广泛开展实践教育活动

“思政课不仅应该在课堂上讲，也应该在社会生活中来讲。”② 认识来源于实践，只有在实践中不断地巩固和提升理论知识，才能真正将其内化为自己的能力和素质。因此，铸牢中华民族共同体意识需要让学生走进社会实践大课堂，使其在思政小课堂和社会实践大课堂的有机融合中感受铸牢中华民族共同体意识的价值与意义。高校要紧扣思政课实践教学的目标和要求，精心设计实践教学大纲，合理安排学时学分，鼓励各族学生用脚步丈量祖国大地，用眼睛发现中国精神，用耳朵倾听人民呼声，用内心感应时代脉搏；可“结合国际国内热点，运用党建引领模式，将社会普遍关心关注的大事要事，转换为强有力的思政教育资源，让青年学生在社会实践和制度比较中坚定‘四个自信’，强化中华民族共同体观念”③。通过开展

① 马国栋. 把青春写在中国大地上［N］. 求是，2019-05-01（09）.

② 党波涛. 在社会生活中讲好“大思政课”［N］. 人民日报，2021-04-14（09）.

③ 狄鸿旭. 高校开展铸牢中华民族共同体意识教育的理论逻辑与实践路径［J］. 中南民族大学学报（人文社会科学版），2023，43（09）：46-54+182-183.

具有沉浸感、体验感、互动感特征的活动，帮助各族学生加深对铸牢中华民族共同体意识的理解。如定期开展“行走的思政课堂”铸牢中华民族共同体意识实践教学，“奋斗百年路 启航新征程”“中华民族一家亲”等主题实践活动，组织各族学生奔赴革命老区、边疆地区和少数民族地区开展社会调查、生产劳动、理论宣讲、志愿服务等社会活动，引导各族学生在走向田野、走进人民中深刻了解世情国情社情民情，深化其对新时代青年社会责任的认识；在社会实践和制度比较中深刻认识中国特色社会主义制度的优越性，更加坚定“四个自信”，增强“五个认同”；在新时代社会大课堂中深刻认识我国民族团结进步事业所取得的伟大成就，深刻认识红色政权来之不易、新中国来之不易、中国特色社会主义来之不易，增强铸牢中华民族共同体意识的坚定性。

5.7.2　积极拓展教育载体平台

革命博物馆、纪念馆、党史馆、烈士陵园、边境哨所、革命人物和革命事迹等构成了党和国家红色基因库，是极其宝贵的革命传统资源。习近平总书记强调，革命传统资源是我们党的宝贵精神财富，要把这些革命传统资源作为开展爱国主义和党性教育的生动教材，引导广大党员干部学习党的历史，深刻理解历史和人民选择中国共产党的历史必然性，进一步增强走中国特色社会主义道路、为党和人民事业不懈奋斗的自觉性和坚定性，永葆共产党人政治本色。[①] 高校要加强校地合作，依托当地的民族博物馆、革命博物馆、纪念馆、校史馆、边防哨所等场所，建设一批铸牢中华民族共同体意识教育实践教学基地，不断拓展铸牢中华民族共同体意识教育的实践平台。高校要立足铸牢中华民族共同体意识教育的具体实践，推动红色文化创造性转化与创新性发展，通过到红色教育基地、红色旅游景点以及历史博物馆等开展红色研学活动，进一步拓展用红色文化铸牢中华民族共同体意识的教育方式和途径，持续增强铸牢中华民族共同体意识教育的针对性和实效性。高校要充分发挥人才和技术优势，利用 VR、AR、全息投影、多媒体场景等高科技数字化技术，与实践教学基地共同开发建设“铸牢中华民族共同体意识”网上主题展馆，采取多媒体互动叠加图文、音视频等形式，展示高校丰富多彩的铸牢中华民族共同体意识实践活动，唱响铸牢中华民族共同体意识主旋律，引导各族学生在交往交流交融中增强历史认知和对中华民族的认同，从而将铸牢中华民族共同体意识内化于心、外化于行，以实际行动促进民族团结进步。

5.8　加强铸牢中华民族共同体意识教育研究

2022 年 7 月，习近平总书记在新疆考察时强调：“要加强

① 习近平湖南调研访韶山 向毛泽东铜像敬献花篮［EB/OL］. 中国网络电视台网站，2011-03-24.

中华民族共同体历史、中华民族多元一体格局的研究，充分挖掘和有效运用新疆各民族交往的历史事实、考古实物、文化遗存，讲清楚新疆自古以来就是我国不可分割的一部分和多民族聚居地区，新疆各民族是中华民族大家庭血脉相连、命运与共的重要成员。”① 高校要加强铸牢中华民族共同体意识理论研究体系建设，通过成立研究机构、培育研究队伍、开展研究阐释，推出高质量研究成果，为新时代铸牢中华民族共同体意识提供智力支持和理论指导。

5.8.1 加快建立研究机构

各省（自治区、直辖市）要重点建设一批高校马克思主义学院，把马克思主义学院打造成为铸牢中华民族共同体意识的研究高地。高校要紧紧围绕习近平总书记关于加强和改进民族工作的重要思想，充分发挥人才、学科、智力等优势，全面整合民族学、经济学、人口学、社会学等多学科学术资源，汇聚马克思主义理论、哲学、中国近现代史等学科的优势力量，依托马克思主义学院成立铸牢中华民族共同体意识研究基地（中心），建设一批铸牢中华民族共同体意识教育研究机构；要在政策、项目、经费等方面对基地（中心）予以全力支持，通过项目合作、委托课题、人才培训等形式加强基地（中心）建设。研究基地（中心）要充分发挥智库作用，当好参谋助

① 完整准确贯彻新时代党的治疆方略 建设团结和谐繁荣富裕文明进步安居乐业生态良好的美好新疆［N］. 人民日报，2022-07-16（01）.

手，围绕当前高校铸牢中华民族共同体意识教育的难点、痛点、堵点问题建言献策，为高校高质量开展铸牢中华民族共同体意识教育作出积极贡献，进而构筑新的学术创新平台和智库建设平台，形成具有中国特色、中国风格、中国气派的民族理论研究体系。

5.8.2　积极培育研究队伍

高校要着眼当前和未来，科学谋划铸牢中华民族共同体意识理论研究队伍建设，通过完善“选、培、用、管”等系列举措，推动有关铸牢中华民族共同体意识的学术研究人才脱颖而出，使其成为既能讲好党的民族理论政策，又能推动民族团结进步事业发展的“行家里手”。要广泛吸纳各类人才，通过理论提升与实践应用相结合的模式，开展系统培训，为研究队伍拓宽视野、实践锻炼创造条件，使其成为开展铸牢中华民族共同体意识研究的重要力量。要鼓励领导干部、专家学者深入偏远基层地区、民族工作一线开展调查研究，深入农村社区、厂矿企业等讲好铸牢中华民族共同体意识专题思政课，培育一批铸牢中华民族共同体意识学术研究队伍。

5.8.3　深入开展研究阐释

高校要紧密结合习近平总书记关于加强和改进民族工作的重要思想，紧紧围绕铸牢中华民族共同体意识的重大理论和实践问题开展研究阐释。高校要加强对“休戚与共、荣辱与共、生死与共、命运与共”的共同体理念的研究，深入研究阐释中华文明起源所昭示的中华民族共同体发展路向和中华民族多元一体演进格局，增强各族学生对伟大祖国、中华民族、中华文化、中国共产党、中国特色社会主义的认同；要加强对中华民族历史的研究，立足中华民族悠久历史，把马克思主义民族理论同中国具体实际相结合、同中华优秀传统文化相结合，遵循中华民族发展的历史逻辑、理论逻辑，科学揭示中华民族形成和发展的道理、学理、哲理，着力推出一批精品力作，培育一批优秀研究成果，及时将这些最新研究成果作为重要教学资源，有机融入课堂教学，加大思想性、理论性资源供给，回应各族青年大学生普遍存在的思想困惑和热点问题，让教学内容被各族青年大学生真正理解和掌握，教育引导其正确认识中国共产党党史、新中国史、改革开放史、社会主义发展史和中华民族发展史，树牢中华民族历史观，铸牢中国心、中华魂，推动形成符合新时代民族工作主线要求、具有高校特点、能够引领未来发展的铸牢中华民族共同体意识研究体系，为新时代党的民族工作高质量开展提供理论支撑和智力支持。长期以来，高校为促进民族团结进步事业作出了重大贡献，涌现出了一大批民族团结进步模范集体和模范个人，谱写了一曲曲民族团结进步时代赞歌。这些模范集体和模范个人的先进事迹是高校开展铸牢中华民族共同体意识教育的重要资源。高校要充分挖掘、深入提炼新时代高等教育事业中的民族团结进步先进事迹和人物故事，把生动的实践写成故事、编入教材、搬上讲台，为开展铸牢中华民族共同体意识教育提供丰富的实践案例，引导各族学生增强历史自觉、坚定文化自信，坚定不移走中国特色社会主义道路，为全面建设社会主义现代化国家、全面推进中华民族伟大复兴而团结奋斗。

后　记

习近平总书记强调，铸牢中华民族共同体意识，就是要引导各族人民牢固树立休戚与共、荣辱与共、生死与共、命运与共的共同体理念。要全面贯彻党的二十大部署，准确把握党的民族工作新的阶段性特征，把铸牢中华民族共同体意识作为党的民族工作和民族地区各项工作的主线，不断加强和改进党的民族工作，扎实推进民族团结进步事业，推进新时代党的民族工作高质量发展。

中华民族共同体意识是国家统一之基、民族团结之本、精神力量之魂。一个民族、一个国家，如果缺乏“身份意识”，没有“民族认同”，必然四分五裂、一盘散沙。我国在近代遭受西方列强侵略的危难中没有四分五裂，一个重要基础就在于历史赋予中华民族共同体团结统一的内生动力。各民族人民在中国共产党领导下，维护、激发和加强各民族团结统一的内生动力，推翻了“三座大山”，建立了中华人民共和国。习近平总书记指出，做好新时代党的民族工作，要把铸牢中华民族共同体意识作为党的民族工作的主线，要构建铸牢中华民族共同体意识宣传教育常态化机制。开展铸牢中华民族共同体意识教育，是高校贯彻新时代党的教育方针和落实立德树人根本任务的一项重大职责。

我国是一个历史悠久的统一的多民族国家。一部中国史，就是一部各民族交融汇聚成多元一体中华民族的历史，就是各民族共同缔造、发展、巩固统一的伟大祖国的历史。辽阔的疆域由各民族共同开拓，悠久的历史由各民族共同书写，灿烂的文化由各民族共同创造，伟大的精神由各民族共同培育。铸牢中华民族共同体意识，就是要引导各族人民牢固树立休戚与共、荣辱与共、生死与共、命运与共的共同体理念。进入中国特色社会主义新时代，各民族在社会生活中紧密联系的广度和深度前所未有，中华民族共同体意识也比以往任何时候都更加强烈。新时代新征程，高校坚持以习近平新时代中国特色社会主义思想为指导，坚持开展铸牢中华民族共同体意识教育，取得了显著成效。

当今世界正经历百年未有之大变局，我国意识形态领域面临的内外部环境发生了深刻变化，高校意识形态工作面临的形势更加严峻复杂。当前，以美国为首的西方国家不断操纵谎言对中国进行污蔑抹黑，妄图破坏我国民族团结，干扰我国改革发展，迟滞中华民族伟大复兴。铸牢中华民族共同体意识是维护各民族根本利益的必然要求，只有铸牢中华民族共同体意识，构建起维护国家统一和民族团结的坚固思想长城，各民族共同维护好国家安全和社会稳定，才能有效抵御各种极端、分裂思想的渗透颠覆，才能不断实现各族人民对美好生活的向往，才能实现好、维护好、发展好各民族根本利益。铸牢中华民族共同体意识关乎国家意识形态安全。此前，教育部等十一个部门联合印发了《关于加强学校铸牢中华民族共同体意识教育的指导意见》，对新形势下学校加强铸牢中华民族共同体意识教育提出了新的目标和任务。青年学生是国家和民族的未来，高校是意识形态工作的前沿阵地。面对新形势、新任务、新挑战，高校加强铸牢中华民族共同体意识教育刻不容缓、势在必行。

铸牢中华民族共同体意识教育是一项系统性、基础性工程，需要久久为功、持续发力。我们清醒地认识到，在开展有关高校加强铸牢中华民族共同体意识教育研究探索的道路上，会遇到许多未知的困难和问题。我们将持续深入学习习近平总书记关于加强和改进民族工作的重要思想，学习党中央关于铸牢中华民族共同体意识的新部署、新要求，发扬求真务实、永不止步的精神，结合新形势新任务，不断探索新时代高校加强铸牢中华民族共同体意识教育的新思路、新办法，努力为新时代高校加强铸牢中华民族共同体意识教育作出新的贡献，为促进各族学生交往交流交融发挥更大作用。

本专著由石河子大学胡建松、李浩、朱伟娟三位老师共同完成。其中，胡建松负责总体协调、框架设计和文稿统筹，撰写第4章、第5章等内容，共计8万字；李浩负责梳理参考文献，撰写绪论、第1章等内容，共计6万字；朱伟娟负责制作调查问卷、访谈提纲，撰写第2章、第3章、后记等内容，共计6万字。

在本书出版过程中，湘潭大学出版社给予了大力支持，得到了编辑老师的悉心指导。他们以扎实的理论功底、严谨的工作作风、高度负责的工作态度投入本书的编辑、校对和出版工作。他们以精益求精的“工匠”精神保证了本书的出版质量。同时，本书的出版也得到了学界相关专家的帮助指导，他们提出了许多宝贵意见和建议，为提升著作的质量发挥了重要作用。在此一并向他们表示诚挚的敬意和衷心的感谢。

限于水平，本书难免有疏漏和不足之处，恳请各位专家、读者批评指正。

作 者

2024年6月

参考文献

一、著作

[1] 中共中央马克思恩格斯列宁斯大林著作编译局. 马克思恩格斯选集（第三卷）［M］. 北京：人民出版社，2012.

[2] 中共中央马克思恩格斯列宁斯大林著作编译局. 马克思恩格斯全集（第三卷）［M］. 北京：人民出版社，1960.

[3] 中共中央马克思恩格斯列宁斯大林著作编译局. 马克思恩格斯文集（第二卷）［M］. 北京：人民出版社，2009.

[4] 中共中央马克思恩格斯列宁斯大林著作编译局. 马克思恩格斯选集（第一卷）［M］. 北京：人民出版社，1995.

[5] 中共中央马克思恩格斯列宁斯大林著作编译局. 列宁全集(第25卷)［M］. 北京：人民出版社，1988.

[6] 中共中央马克思恩格斯列宁斯大林著作编译局. 列宁专题文集：论无产阶级政党［M］. 北京：人民出版社，2009.

[7] 中共中央马克思恩格斯列宁斯大林著作编译局. 列宁全集（第24卷）[M]. 北京：人民出版社，1990.
[8] 毛泽东. 毛泽东选集（第二卷）[M]. 北京：人民出版社，1991.
[9] 中共中央文献研究室. 毛泽东文集（第六卷）[M]. 北京：人民出版社，1999.
[10] 邓小平. 邓小平文选（第一卷）[M]. 北京：人民出版社，1994.
[11] 邓小平. 邓小平文选（第三卷）[M]. 北京：人民出版社，1993.
[12] 江泽民. 江泽民文选（第一卷）[M]. 北京：人民出版社，2006.
[13] 胡锦涛. 胡锦涛文选（第二卷）[M]. 北京：人民出版社，2016.
[14] 习近平. 决胜全面建成小康社会 夺取新时代中国特色社会主义伟大胜利——在中国共产党第十九次全国代表大会上的报告［M］. 北京：人民出版社，2017.
[15] 习近平. 高举中国特色社会主义伟大旗帜 为全面建设社会主义现代化国家而团结奋斗——在中国共产党第二十次全国代表大会上的报告［M］. 北京：人民出版社，2022.
[16] 中共中央文献研究室，国家民族事务委员会. 毛泽东民族工作文选［M］. 北京：中央文献出版社，2014.

[17] 刘先照. 中国共产党主要领导人论民族问题 [M]. 北京: 民族出版社, 1994.

[18] 本书编写组. 指导新时期民族工作的纲领性文献——深入学习胡锦涛同志在中央民族工作会议上的讲话 [M]. 北京: 人民出版社, 2005.

[19] 本书编委会. 现代汉语词典（第七版）[M]. 北京: 商务印书馆, 2017.

[20] 费孝通. 中华民族多元一体格局 [M]. 北京: 中央民族大学出版社, 2018.

[21] 梁启超. 饮冰室文集点校 [M]. 昆明: 云南教育出版社, 2001.

[22] 徐杰舜, 刘冰清, 罗树杰. 中华民族认同论 [M]. 银川: 宁夏人民出版社, 2014.

[23]〔美〕迈尔威利·斯图沃德. 当代西方宗教哲学 [M]. 北京: 北京大学出版社, 2001.

[24]〔美〕本尼迪克特·安德森. 想象的共同体 [M]. 上海: 上海人民出版社, 2003.

[25]〔德〕斐迪南·滕尼斯. 共同体与社会: 纯粹社会学的基本概念 [M]. 北京: 商务印书馆, 2020.

[26]〔德〕马克斯·韦伯. 社会学的基本概念 [M]. 桂林: 广西师范大学出版社, 2005.

[27]〔英〕雷蒙·威廉斯. 关键词: 文化与社会的词汇 [M]. 北京: 生活·读书·新知三联书店, 2005.

[28]〔英〕厄内斯特·盖尔纳. 民族与民族主义［M］. 北京：中央编译出版社，2002.

二、报纸

[1] 进一步形成大保护大开放高质量发展新格局 奋力谱写西部大开发新篇章［N］. 人民日报，2024-04-24（01）.

[2] 铸牢中华民族共同体意识 推进新时代党的民族工作高质量发展［N］. 人民日报，2023-10-29（01）.

[3] 牢牢把握新疆在国家全局中的战略定位 在中国式现代化进程中更好建设美丽新疆［N］. 人民日报，2023-08-27（01）.

[4] 习近平. 高举中国特色社会主义伟大旗帜 为全面建设社会主义现代化国家而团结奋斗——在中国共产党第二十次全国代表大会上的报告（2022 年 10 月 16 日）［N］. 人民日报，2022-10-26（01）.

[5] 完整准确贯彻新时代党的治疆方略 建设团结和谐繁荣富裕文明进步安居乐业生态良好的美好新疆［N］. 人民日报，2022-07-16（01）.

[6] 以铸牢中华民族共同体意识为主线 推动新时代党的民族工作高质量发展［N］. 人民日报，2021-08-29（01）.

[7] 坚持中国特色世界一流大学建设目标方向 为服务国家富强民族复兴人民幸福贡献力量［N］. 人民日报，2021-04-20（01）.

[8] 全面贯彻新时代党的治藏方略 建设团结富裕文明和谐美丽的社会主义现代化新西藏 [N]. 人民日报，2020-08-30 (01).
[9] 坚持共同团结奋斗共同繁荣发展 各民族共建美好家园共创美好未来 [N]. 人民日报，2019-09-28 (02).
[10] 用新时代中国特色社会主义思想铸魂育人 贯彻党的教育方针落实立德树人根本任务 [N]. 人民日报，2019-03-19 (02).
[11] 抓住培养社会主义建设者和接班人根本任务 努力建设中国特色世界一流大学 [N]. 人民日报，2018-05-03 (01).
[12] 习近平. 决胜全面建成小康社会 夺取新时代中国特色社会主义伟大胜利——在中国共产党第十九次全国代表大会上的报告（2017 年 10 月 18 日） [N]. 光明日报，2017-10-28 (01).
[13] 把思想政治工作贯穿教育教学全过程 开创我国高等教育事业发展新局面 [N]. 人民日报，2016-12-09 (01).
[14] 在践行新发展理念上先行一步 让互联网更好造福国家和人民 [N]. 人民日报，2016-04-20 (01).
[15] 习近平在视察解放军报社时强调 坚持军报姓党坚持强军为本坚持创新为要 为实现中国梦强军梦提供思想舆论支持 [N]. 光明日报，2015-12-27 (01).
[16] 依法治藏富民兴藏长期建藏 加快西藏全面建成小康社会

步伐 [N]. 人民日报，2015-08-26 (01).

[17] 领导干部要做尊法学法守法用法的模范 带动全党全国共同全面推进依法治国 [N]. 光明日报，2015-02-03 (01).

[18] 坚持依法治疆团结稳疆长期建疆 团结各族人民建设社会主义新疆 [N]. 人民日报，2014-05-30 (01).

[19] 紧紧依靠各族干部群众共同团结奋斗 建设团结和谐繁荣富裕文明进步安居乐业的社会主义新疆 [N]. 人民日报，2014-05-01 (01).

[20] 习近平在内蒙古考察时强调 把握战略定位坚持绿色发展奋力书写中国式现代化内蒙古新篇章 [N]. 人民日报，2023-06-09 (01).

[21] 中共中央 国务院印发《关于新时代加强和改进思想政治工作的意见》[N]. 人民日报，2021-07-13 (02).

[22] 中办国办印发《关于全面深入持久开展民族团结进步创建工作铸牢中华民族共同体意识的意见》[N]. 光明日报，2019-10-24 (01).

[23] 中共中央政治局召开会议 [N]. 光明日报，2015-01-24 (01).

[24] 中央民族工作会议暨国务院第六次全国民族团结进步表彰大会在北京举行 [N]. 光明日报，2014-09-30 (01).

[25] 许晓东，杜志章. 高校要加强铸牢中华民族共同体意识教育 [N]. 中国民族报，2022-06-07 (05).

[26] 陶文昭. 在共同繁荣发展中铸牢中华民族共同体意识［N］. 光明日报，2018-01-05（11）.

[27] 哈正利，杨胜才. 中华民族共同体意识基本内涵探析［N］. 中国民族报，2017-02-24（05）.

三、期刊

[1] 孔亭，毛大龙. 论中华民族共同体的基本内涵［J］. 社会主义研究，2019（06）：51-57.

[2] 冯育林. 从“中华民族”到“中华民族共同体”的概念考察及其建设析论［J］. 西北民族大学学报（哲学社会科学版），2018（03）：8-15.

[3] 李娟. 中华民族共同体意识的历史逻辑［J］. 西北师大学报（社会科学版），2022，59（04）：67-75.

[4] 严庆. 本体与意识视角的中华民族共同体建设［J］. 西南民族大学学报（人文社科版），2017，38（03）：46-50.

[5] 费孝通. 中华民族的多元一体格局［J］. 北京大学学报（哲学社会科学版），1989（04）：3-21.

[6] 青觉，徐欣顺. 中华民族共同体意识：概念内涵、要素分析与实践逻辑［J］. 民族研究，2018（06）：1-14+123.

[7] 万明钢. 实现国家认同，先从民族认同开始［J］. 中国民族教育，2017（06）：15.

[8] 徐黎丽，杨丽云. 论中华民族认同的根基［J］. 西北师大学报（社会科学版），2020，57（01）：14-21.

[9] 刘永刚. 中华民族共同体的国家意涵 [J]. 统一战线学研究，2021，5（04）：1-14.

[10] 周超，刘虹. 共生理论视阈下中华民族共同体建构的五维向度 [J]. 民族学刊，2021，12（01）：19-25+85.

[11] 严庆. 中华民族共同体建设的命脉与民族工作的方向：增进共同性 [J]. 西北民族研究，2021（04）：12-15.

[12] 王延中，宁亚芳. 正确把握中华民族共同体建设的重大关系 [J]. 中央民族大学学报（哲学社会科学版），2022，49（05）：99-109.

[13] 冯育林. 新时代中华民族共同体建设的几个着力点 [J]. 云南行政学院学报，2019，21（02）：24-28.

[14] 杨鹍飞. 中华民族共同体认同的理论与实践 [J]. 新疆师范大学学报（哲学社会科学版），2016，37（01）：83-94.

[15] 郎维伟，陈瑛，张宁. 中华民族共同体意识与“五个认同”关系研究 [J]. 北方民族大学学报（哲学社会科学版），2018（03）：12-21.

[16] 郝亚明. 社会认同视域下的中华民族共同体意识探析 [J]. 西北民族研究，2020（01）：19-26.

[17] 郭颖，余梓东. 大学生中华民族共同体意识培育研究 [J]. 学校党建与思想教育，2020（22）：68-70.

[18] 李秀敏，刘春延. 中华民族共同体意识的形成与培育 [J]. 江苏大学学报（社会科学版），2018，20（02）：

81-85.
[19] 青觉，赵超．中华民族共同体意识的形成机理、功能与嬗变——一个系统论的分析框架［J］．民族教育研究，2018，29（04）：5-13.
[20] 沈桂萍．培育中华民族共同体意识构建国家认同的文化纽带［J］．西北民族大学学报（哲学社会科学版），2015（03）：1-6.
[21] 董立人，陈辉．进一步巩固强化中华民族共同体意识［J］．决策探索（下半月），2016（10）：30-31.
[22] 张善鑫．中华民族共同体：国家与民族统一的理论——兼论铸牢中华民族共同体意识的当代路径［J］．西北师大学报（社会科学版），2021，58（05）：75-83.
[23] 李尚旗，郭文亮．中华民族共同体意识培育面临的挑战及路径选择［J］．思想理论教育，2019（01）：62-66.
[24] 张京泽．关于铸牢中华民族共同体意识的几点认识［J］．中央民族大学学报（哲学社会科学版），2023，50（05）：5-11.
[25] 杨欢．新时代铸牢中华民族共同体意识的重要意义［J］．南方论刊，2019（08）：18-20.
[26] 孔亭．新时代铸牢中华民族共同体意识的重要意义［J］．辽宁省社会主义学院学报，2018（03）：98-102.
[27] 王小兵，吴琼．铸牢中华民族共同体意识的三重逻辑［J］．黑龙江民族丛刊，2020（03）：1-6.

[28] 刘宝明. 改革开放以来中国共产党推动民族理论创新发展重要成果及其意义 [J]. 中央民族大学学报（哲学社会科学版），2018，45（03）：5-21.

[29] 向驰，雷鹏. 高校铸牢中华民族共同体意识教育的现实困境与优化路径 [J]. 湖北民族大学学报（哲学社会科学版），2024，42（03）：11-19.

[30] 赵刚，蒲俊烨. 中华民族共同体教育：概念、价值、内容与路径 [J]. 民族教育研究，2020，31（04）：12-18.

[31] 马小婷，王瑜. 中华民族共同体教育的概念、内容与实践逻辑 [J]. 教育导刊，2020（12）：5-12.

[32] 赵心愚. 教育视域下的铸牢中华民族共同体意识 [J]. 民族学刊，2021，12（02）：1-8+92.

[33] 李芳. 高校加强中华民族共同体教育的基本问题探析 [J]. 民族教育研究，2020，31（04）：33-40.

[34] 任玉丹. 铸牢中华民族共同体意识教育成效评价指标体系构建研究——基于 CIPP 模式和知信行理论 [J]. 西南民族大学学报（人文社会科学版），2022，43（02）：209-218.

[35] 陈立鹏. 加强学校中华民族共同体教育的几个问题 [J]. 中国德育，2023（01）：29-34.

[36] 郭锦鹏. 铸牢少数民族大学生中华民族共同体意识路径研究——以全球化时代为视域 [J]. 黑龙江民族丛刊，2019（05）：14-19.

[37] 张伦阳，王伟．“两个大局”视角下高校铸牢中华民族共同体意识的价值意蕴与实现路径［J］．西南民族大学学报（人文社会科学版），2021，42（07）：9-16.

[38] 包银山，王奇昌．民族地区高校推进铸牢大学生中华民族共同体意识教育探析［J］．民族教育研究，2019，30（04）：64-68.

[39] 李海凤，卢林保．新时代铸牢大学生中华民族共同体意识探究［J］．学校党建与思想教育，2020（01）：34-36.

[40] 狄鸿旭．高校开展铸牢中华民族共同体意识教育的理论逻辑与实践路径［J］．中南民族大学学报（人文社会科学版），2023，43（09）：46-54+182-183.

[41] 青觉，王敏．认知、情感与人格：高校铸牢中华民族共同体意识教育的政治心理建构［J］．民族教育研究，2021，32（06）：26-36.

[42] 靳淑梅，朴婷姬．民族高校中华民族共同体意识教育的实践目标与途径——以延边大学为例［J］．大连民族大学学报，2018，20（06）：481-485.

[43] 杨胜才．民族院校铸牢中华民族共同体意识的价值意蕴、方法路径与保障体系［J］．中南民族大学学报（人文社会科学版），2020，40（05）：9-14.

[44] 冉春桃．民族院校中华民族共同体意识培育的路径［J］．中南民族大学学报（人文社会科学版），2019，39（04）：70-74.

[45] 张全省，刘晓勇. 新时代铸牢中华民族共同体意识伟大实践及其推进方略 [J]. 西北民族大学学报（哲学社会科学版），2020（04）：15-22.

[46] 秦龙. 马克思对“共同体”的探索 [J]. 社会主义研究，2006（03）：10-13.

[47] 原思明. 论江泽民的民族工作思想 [J]. 当代世界与社会主义，2006（05）：37-40.

[48] 王文光，徐媛媛. 中华民族共同体意识形成与发展的历史过程研究论纲 [J]. 思想战线，2018，44（02）：70-74.

[49] 陈瑛，郎维伟. 中华民族共同体意识与“五个认同”关系再探析 [J]. 北方民族大学学报，2020（01）：22-28.

[50] 赵长江，王密卿. 民族典籍翻译意识研究 [J]. 西藏民族大学学报（哲学社会科学版），2019，40（02）：77-81+156.

[51] 必须坚持和发展中国特色社会主义 [J]. 学习月刊，2021（09）：4-7.

[52] 李洪修，陈栎旭. 知识社会学视域下课程思政的内在逻辑与实现路径 [J]. 大学教育科学，2022（01）：28-34.

[53] 马洁琼. 文化认同视域下中华民族共同体意识的培育 [J]. 中共乌鲁木齐市委党校学报，2023（03）：26-30.

[54] 吴卫卫，王帆. 新时代大学生中华民族共同体意识培育路径探究 [J]. 学校党建与思想教育，2024（10）：47-49.

四、学位论文

[1] 蒋晓倩. 西藏创建铸牢中华民族共同体意识示范高校成效研究 [D]. 拉萨：西藏大学，2023.

[2] 王玉洁. 新时代高校铸牢大学生中华民族共同体意识研究 [D]. 南昌：南昌大学，2023.

[3] 蒋永发. 论中华民族共同体意识 [D]. 北京：中共中央党校（国家行政学院），2022.

[4] 李其函. 民族团结进步示范区建设中的中华民族共同体意识培育研究 [D]. 贵阳：贵州师范大学，2020.

五、电子资源

[1] 教育部：全国共有学历教育在校生 2.93 亿人 [EB/OL]. 中华人民共和国教育部新闻发布会网站，2023-03-23.

[2]《中华民族共同体概论》教材出版发行 [EB/OL]. 中华人民共和国中央人民政府网站，2024-02-29.

[3] 习近平湖南调研访韶山 向毛泽东铜像敬献花篮 [EB/OL]. 中国网络电视台网站，2011-03-24.

附　录

附录 1　新时代高校加强铸牢中华民族共同体意识教育调查问卷

亲爱的同学：

您好！为深入了解当前高校铸牢中华民族共同体意识教育的现状，特进行此次问卷调查。本问卷仅用于学术研究，我们会严格保守秘密，不泄露您的任何信息。为保证调查数据真实有效，请您在看完下面的问题后，根据您自己的真实想法，进行选择。

感谢您的配合和支持！

一、基本情况

1. 您的性别是（　　）

A. 男

B. 女

2. 您的民族是（　　）

A. 汉族

B. 少数民族

3. 您的政治面貌是（　　）

A. 共青团员

B. 中共党员（含中共预备党员）

C. 群众

D. 其他

4. 您当前的学习阶段是（　　）

A. 本科生

B. 硕士研究生

C. 博士研究生

5. 您当前所在的年级是（　　）

A. 一年级

B. 二年级

C. 三年级

D. 四年级

E. 五年级

6. 您所学的专业属于（　　）

A. 文史类

B. 理工类

C. 经法类

D. 农医类

二、高校大学生对中华民族共同体意识的认知情况

7. 您了解“中华民族共同体意识”的内涵吗？（　　）

A. 非常了解

B. 比较了解

C. 一般了解

D. 不了解

8. 您了解“中华民族共同体”的历史发展过程吗？（　　）

A. 非常了解

B. 比较了解

C. 一般了解

D. 不了解

9. 您了解“五个认同”的内容吗？（　　）

A. 非常了解

B. 比较了解

C. 一般了解

D. 不了解

10. 您认为是否有必要将铸牢中华民族共同体意识融入大

学生思想政治教育？（　　）

A. 必不可少

B. 稍作了解就行

C. 可有可无

D. 没必要

11. 您认为我国各民族发展与国家命运是息息相关的吗？（　　）

A. 完全相关

B. 相关

C. 不太相关

D. 根本不相关

12. 您愿意为铸牢中华民族共同体意识贡献自己的力量吗？（　　）

A. 非常愿意

B. 基本愿意

C. 不愿意

D. 看情况

三、高校开展铸牢中华民族共同体意识教育现状

13. 您愿意参加学校组织开展的民族团结联谊活动吗？（　　）

A. 非常愿意

B. 基本愿意

C. 不愿意

D. 看情况

14. 您赞同各民族学生混合上课、混合住宿的学习生活方式吗？(　　)

A. 不赞同，各民族有不同的生活习惯、文化习俗，“混合式”的学习生活方式下学生容易产生矛盾

B. 赞同，能促进各民族学生之间的交往交流交融

C. 都可以，各有利弊

D. 无所谓，没有意见

15. 下面哪项描述更符合您的情况？(　　)

A. 在大学期间，我更倾向于和本民族的同学、老师交流交往

B. 在大学期间，我更倾向于和其他民族的同学、老师交流交往

C. 在大学期间，我很喜欢与别人交流交往，无论对方是什么民族

D. 在大学期间，我更专注于自己的事情，倾向于独来独往

16. 您会主动学习铸牢中华民族共同体意识的相关知识吗？(　　)

A. 会，自己主动学习

B. 会，学校要求的时候

C. 会，在自己有需要的时候

D. 不会主动学习

17. 您上过的思政课中是否有讲授中华民族共同体意识的内容？（　　）

A. 有，经常讲授

B. 有，偶尔讲授

C. 没有讲授

D. 不清楚

18. 您上过的专业课程中是否有引入党的民族理论、民族团结故事、各民族风俗知识等内容？（　　）

A. 有，经常引入

B. 有，偶尔引入

C. 没有引入

D. 不清楚

19. 您所在的学校开展铸牢中华民族共同体意识教育的主要方式是什么？（多选题）（　　）

A. 实践教育活动

B. 校园文化活动

C. 网络新媒体

D. 课堂教学

E. 先进事迹报告

F. 观看主题电影

20. 您所在的学院开展铸牢中华民族共同体意识教育活动的频次？（　　）

A. 一个月一次

B. 两个月一次

C. 三个月一次

D. 一个学期一次

21. 您会在学习生活中带头践行民族团结吗？(　　)

A. 会，很有意义

B. 会，如果有利于自己

C. 不会

D. 无所谓

22. 您在校园经常看到（听到）有关党的民族政策、民族理论、民族团结进步模范人物事迹等方面的宣传吗？(　　)

A. 经常看到（听到）

B. 偶尔看到（听到）

C. 很少看到（听到）

D. 没有留意

23. 您主要是通过什么方式学习了解中华民族共同体意识相关内容的？(多选题)(　　)

A. 思政课

B. 校园文化活动

C. 辅导员讲解

D. 海报、展板等校园宣传

E. 主题班会

F. 互联网、微信等网络媒介

G. 相关影视资料

H. 朋辈之间学习

24. 您所在的高校开展铸牢中华民族共同体意识教育的活动场所充足吗？（　　）

A. 很充足

B. 充足

C. 勉强够用

D. 不够使用

25. 您所在的学校有开展铸牢中华民族共同体意识教育的校外实践基地吗？（　　）

A. 有

B. 好像有

C. 没有

D. 不了解

四、高校加强铸牢中华民族共同体意识教育的对策建议

26. 学校开展民族团结进步教育，您更喜欢什么样的形式？（多选题）（　　）

A. 实践教育活动

B. 校园文化活动

C. 网络新媒体

D. 课堂教学

E. 先进事迹报告

F. 观看主题电影

27. 您认为学校在开展铸牢中华民族共同体意识教育方面有哪些不足？（多选题）（　　）

A. 不重视

B. 宣传力度不够

C. 教育实效性不足

D. 课堂教育形式单一

E. 校园环境不浓

F. 主题实践活动缺乏

G. 与学生思想心理结合不紧密

H. 没有使用网络新媒体、新技术

28. 您认为高校开展铸牢中华民族共同体意识教育还有哪些需要注意的事项？（多选题）（　　）

A. 结合当前学生特点，突出时代性

B. 丰富课堂教学形式，提升思政课的吸引力

C. 举办更多生动活泼、形式多样的实践活动

D. 发挥新媒体、新技术优势，拓展学生获取知识的渠道

E. 塑造良好的校园文化环境，充分发挥润物细无声的作用

F. 选优配强师资队伍，提高思政工作者的能力素养

附录2 新时代高校加强铸牢中华民族共同体意识教育访谈提纲

（教师版）

1. 您的身份是什么？（思政课教师、专业课教师、学生辅导员）

2. 您怎么理解和看待高校铸牢中华民族共同体意识教育？

3. 学校在铸牢中华民族共同体意识教育方面开展了哪些工作，举办了哪些活动，教育效果如何？还有哪些问题或不足？

4. 学校对开展铸牢中华民族共同体意识教育是否给予场地、经费、人力等方面支持？是否制定相关制度、文件？是否开展了相关研究？

5. 结合访谈对象的身份，选择下述问题进行提问：

（1）您作为思政课教师，在课堂教学中是否讲述了铸牢中华民族共同体意识的相关内容？有什么好的经验？存在什么困难？您有什么好的建议？

（2）您作为专业课教师，在教学过程中是否融入了铸牢中华民族共同体意识的相关内容？有什么好的经验？存在什么困难？您有什么好的建议？

（3）您作为学生辅导员，您认为学校可以通过哪些途径开展铸牢大学生中华民族共同体意识教育？

6. 您认为学校在开展铸牢中华民族共同体意识教育的过程中还有哪些困难，或亟须解决的问题？其原因是什么？请举例说明。

7. 您对高校加强铸牢中华民族共同体意识教育有什么意见和建议？

附录3　新时代高校加强铸牢中华民族共同体意识教育访谈提纲

（学生版）

1. 您了解高校开展铸牢中华民族共同体意识教育的内涵及意义吗？

2. 在日常学习生活中，您愿意和其他民族学生交往交流吗？

3. 您参加过学校举办的铸牢中华民族共同体意识文化活动吗？

4. 您所在的学校开展了哪些铸牢中华民族共同体意识实践活动？效果怎样？

5. 您所在的学校采取了哪些措施开展铸牢中华民族共同体意识教育？

6. 您认为学校在开展铸牢中华民族共同体意识教育的过程中还有哪些不足之处？

7. 您希望学校采取哪些方式来加强铸牢中华民族共同体意识教育？